Growth of Entrepreneur

创业者的成长

中关村创新型创业人才案例研究

胡贝贝　武蕾◎编著

中国经济出版社
CHINA ECONOMIC PUBLISHING HOUSE
·北 京·

图书在版编目（CIP）数据

创业者的成长：中关村创新型创业人才案例研究／胡贝贝，武蕾编著．—北京：中国经济出版社，2019.5

ISBN 978－7－5136－5564－4

Ⅰ．①创…　Ⅱ．①胡…　②武…　Ⅲ．①高技术企业—企业管理—人才培养—案例—北京　Ⅳ．①F279.244.4

中国版本图书馆 CIP 数据核字（2019）第 037982 号

责任编辑　牛慧珍
责任印制　马小宾
封面设计　任燕飞

出版发行　中国经济出版社
印 刷 者　北京柏力行彩印有限公司
经 销 者　各地新华书店
开　　本　710mm×1000mm　1/16
印　　张　10.5
字　　数　110 千字
版　　次　2019 年 5 月第 1 版
印　　次　2019 年 5 月第 1 次
定　　价　58.00 元
广告经营许可证　京西工商广字第 8179 号

中国经济出版社　**网址** www.economyph.com　**社址** 北京市西城区百万庄北街 3 号　**邮编** 100037
本版图书如存在印装质量问题，请与本社发行中心联系调换（联系电话：010－68330607）

编纂指导委员会

组　　长：柳进军

副 组 长：罗　晖　赵新良　尧　川

成　　员：张慧秋　石　磊　邓守毅

滑　毅　赵志虎　杨　光

编写组

主　　编：胡贝贝　武　蕾

主要执笔人：马文良　明　星　韩　甜

李彦彦　范松梅　左　健

张　培

联合出版单位

中关村创新研修学院

北京中海投资管理有限公司

中国科协创新战略研究院

友情支持单位

北京市留学人员海淀创业园

北京科技大学留学人员创业园

北京赛欧科园科技孵化中心有限公司

序言
PREFACE

习近平总书记在中国共产党第十九次全国代表大会上指出，“经过长期努力，中国特色社会主义进入了新时代”。在新的历史方位下要坚定实施创新驱动发展战略。要培育新增长点、形成新动能；要促进我国产业迈向全球价值链中高端，加快建设创新型国家，建设科技强国。

人才资源是第一资源，创新人才是实施创新驱动发展的主导力量，而创新型创业人才则是创新人才中的关键。他们复合开展创新与创业活动，运用管理观念和管理技术，将科技成果和创意转化为创新产品或服务，形成新市场和新产业，促进创新的发展与产业的转型升级，被誉为经济增长的“灵魂”，其数量多寡也反映了一个国家的经济发展水平。因此，创新型创业人才队伍建设问题成为我国实施创新驱动发展战略背景下的重要议题。

着眼当下，伴随着全球互联网产业的发展，我国大众创业、万众创新活动繁荣开展。但是我们也开始注意到一些问题的存在，如创业成活率低、创新项目水平不高等。究其根本原因还是创新创业者本身的素质和能力较弱。所以，如何提升创新创业者的素质，提升我国大众创业、万众创新的水平也是当下面临的现实问题。

中关村创新研修学院是为科技园区培养创新创业人才的专门机构，我们有责任面向新时代，结合新形势，研究创新型创业人才成长规律，探索创新型创业人才队伍建设的有效模式，并进行转化应用。为此，学院联合中国科协创新战略研究院、海淀留学人员创业园等单位，联合开展调查研究工作。课题组以中关村科技园区的创新型创业者为对象，通过深度访谈和案例研究，归纳和总结新时代创新型创业者的特征，发现人才成长规律，为我国开展创新型创业人才培养、创新型创业人才评价和激励工作提供思路和支撑；以多样化的案例展示，为新时代各类创新创业者的成长及其创新创业活动的开展提供借鉴。

中关村创新研修学院院长

2019年4月

目录
CONTENTS

第三章
创新型创业人才成长案例

第一章

创新型创业人才与中关村的发展

1978 年全国科学大会和十一届三中全会召开之后，以陈春先为代表的一大批科技人员走出科研院所和高等院校，在中关村创办民营高科技企业，掀开了中关村创新发展的序幕。至今，中关村已经走过了 40 年的发展历程。在这 40 年的发展中，中关村持续保持创新活力，实现了创新创业的繁荣，以及战略性新兴产业的持续涌现和成长，一直在我们国家的区域创新发展中起引领和示范作用，并逐步从国家创新中心向全球创新中心跨越发展。

回顾和总结中关村 40 年发展的历程，我们可以发现，创新型创业者作为创新活动和创业活动开展的复合主体，作为将创新成果市场化的主体和将创新活动引入市场的主体，是中关村创新发展的核心力量。正是一代又一代不断成长的中关村创新型创业者的不懈努力和奋斗，创造了中关村、成就了中关村。

（一）科研人员下海与中关村的产生

1978 年，中共中央召开全国科学大会，邓小平在大会讲话中重申“科学技术是生产力”这一马克思主义基本观点。同年12月，十一届三中全会召开。自此，我国进入了以改革、开放、发展和思想解放为鲜明特色的历史新时期。与此同时，在全球层面，信息技术革命使得新兴产业部门产生并快速扩张，全球信息产业建立，信息经济形成。在制度变革和产业变革的双重背景之下，中关村地区广大科技人员感受到“春天”的来临。一批科研人员开始采用辞职、兼职、停薪留职等方式，走出大院大所，在中关村开展创业活动，成为中关村第一代创业者。

中关村第一代的创业者是典型的以技术创新见长的创新型创业者。他们怀揣科技报国梦，紧抓信息科技产业化的机遇，以创业的形式进入市场，尝试科技与经济的结合，大胆探索将科技成果转化为生产力的有效途径。从1980年10月23日，中科院物理所研究员陈春先等人在中关村创办第一个民办科技企业——北京等离子体学会先进技术发展服务部开始，一批民营科技企业在中关村诞生，出现了以“两通两海”（四通新兴产业开发公司、北京信通电脑技术公司、北京京海计算机房技术开发公司、科海新技术开发公司）为代表的一批民办科技企业。以计算机技术成果转化应用为主的科技产业在中关村得到了蓬勃发展。

到1988年底，试验区企业数量达527家，实现总收入14亿元，工业产值4.8亿元，上缴税费0.5亿元，出口创汇0.1亿美元。中关村地区形成了电子及计算机产业占主导地位的产业集群，著名的“中关村电子一条街”诞生。到1998年，试验区总收入达到576.6亿元，是1988年的41倍，软件产业销售额占全国的43%，高新技术产业成为海淀和北京经济新的增长点。①

（二）海外留学归国人才与中关村的二次创业

改革开放之后，大批学生出国留学。到20世纪90年代，已经有相当数量的留学生学成。也是在这个时期，伴随数据库、计算机网络、有线电视以及多媒体终端技术的迅速普及与实用化，互联网浪潮兴起，新的产业机会到来。中关村在此时也正处二次创业发展期，着力对接全球新一轮产业技术革命，提升创新能力。

在美国等国家留学的中国留学生看到了互联网技术在我国本土产业化的机会。1995年，留美学生田溯宁和丁健归国，在中关村创立亚信科技（中国）公司，拉开了留学生归国在中关村创业的序幕。自2000年1月至2004年6月，中关村科技园区留学人员创业服务总部共接待来访留学生21790人次，平均每个工作日有20人来访，有2家留学人员企业注册成立。到2009年底，中关村留学归国人员达到8000余人，创办企业上千家。截至目前，中关村海归人才超过3万人，累计创办企业超过8000家。②

海外留学归国的创业者凭借其创新能力和国际化发展能力在中关村二次创业过程中发挥了重大作用。中关村管委会原主任夏颖奇说，他们将先进技术带了回来，将先进的管理理念带了回来，将先

---

① 资料来源：北京市海淀区统计局等．创出历史 造就辉煌——中关村科技园区海淀园二十年崛起之路［R］．2008.

② 资料来源：中关村科技园区管理委员会．中关村国家自主创新示范区发展报告［R］．北京：北京出版集团公司北京出版社，2018.

进企业文化带了回来；他们还用自己的人脉关系为中关村铺开了一张覆盖全球的人脉网络，将海外的资金和市场带到了中关村。[①] 也正是由于他们，中关村一批富有创新活力、具有全球视野和较强国际竞争力的企业迅速成长。例如，田溯宁创办的亚信科技2000年3月在美国纳斯达克成功上市，成为在美国纳斯达克成功上市的第一家中国高科技企业。之后搜狐、百度等一大批中关村企业在境外成功上市。中星微电子的星光数字多媒体芯片，在同类产品中占据60%的国际市场份额；畅讯信通公司研制的核心路由器交换芯片，打破了跨国公司在该领域的垄断；新浪、搜狐成为中国领先的门户网站；百度成为全球最大的中文搜索引擎等。留学归国人员为中关村的二次创业做出了巨大贡献。

（三）大众创业、万众创新与中关村发展的新时代

2010年前后，新一轮产业技术革命正在全球深入开展，特别是互联网与移动互联技术创新速度加快，互联网垂直产业链不断深化，传统产业互联网化持续深入，全面渗透和改造传统生产与生活方式，催生巨大的新生市场需求，引导产业爆发式增长，塑造了繁荣发展的互联网经济。以此为契机，形成了全球性的新一轮创新创业浪潮。中关村作为互联网经济的中心地带之一，成为我国乃至全球创新创业的重要聚集地。

---

① 夏颖奇．海归抢滩中关村［M］．北京：中国发展出版社，2004.

这一轮创新创业，得到了线上线下交互的创新创业服务主体的支持，在一定程度上破解了创新创业过程中资金、技术、渠道等关键资源整合瓶颈，使得大众层面的创新创业活动繁荣发展。[①] 以留学生、草根、大学生、离职创业者、连续创业者、80 后、90 后等各类群体共同构成的中关村新一代创新型创业者在中关村聚集和发展。2013 年中关村新注册企业 1.4 万家，2017 年中关村新注册企业超过 3 万家。[②]

当下的中关村创新型创业者，不再只侧重技术创新，而是将商业模式创新、组织创新等各类创新活动与创业活动相结合，使得中关村创新型企业不断诞生，新兴产业持续涌现，创新经济繁荣。例如，中关村高成长高估值企业不断涌现。2017 年中关村共有独角兽企业 70 家，占全国的 43%[③]，仅次于美国硅谷，成为全球独角兽数量排名第二的区域。以人工智能、云计算、石墨烯为代表的新兴产业集群竞相崛起，新技术、新产品引领全球。以人工智能为例，目前中关村已聚集了数百家人工智能机构，形成了覆盖基础层、技术层、应用层的全产业链集群，多项产品及技术领跑全球。以分享经济为代表的新业态、新模式不断拓展，新竞争优势加快构筑。经过近几年的发展，分享经济已经从生活领域逐步扩展到生产领域。目前中关村拥有涵盖出行、住宿、知识分享、生活服务等多个领域的

---

① 胡贝贝，王胜光，任静静. 互联网时代创业活动的新特点——基于创客创业活动的探索性研究[J]. 科学学研究，2015，33(10)：1520-1527.

② 数据来源：搜狐新闻，http://www.sohu.com/a/218556439_161623.

③ 资料来源：长城战略咨询. 2017 年中国独角兽企业发展报告[R]. 2018.

分享经济企业 2000 余家，引领行业发展新潮流。[①]

如今的中关村，老中青三代创新型创业者协同共生，快速成长。入选全球性人物榜单的中关村领军企业家越来越多，如百度创始人李彦宏入选福布斯“2015 全球权势人物榜”（56 名）；物灵科技联合创始人顾嘉唯入选《麻省理工科技评论》“2016 年度 35 位 35 岁以下全球科技创新俊杰（TR35）”；猎豹移动 CEO 傅盛，真格基金合伙人兼 CEO 方爱之，果壳网、“在行”平台创始人嵇晓华，萝卜太辣 CEO 张尧 4 名中关村企业家入选世界经济论坛“2016 年全球青年领袖”；2016 年《商业周刊（中文版）》发布的“中国 U25”创业者榜单中，近一半（12 位）来自中关村；王兴等 18 人入选“中国 40 位 40 岁以下商业精英榜单”，占全国的近五成；22 人入选福布斯“2018 年亚洲十大领域 30 位 30 岁以下杰出青年”榜，占全国的近四成。伴随中关村创新型创业者影响力的国际化，中关村科技园区一步步成为具有全球影响力的创新中心。

---

① 资料来源：中关村科技园区管理委员会. 中关村国家自主创新示范区发展报告[R]. 北京：北京出版集团公司北京出版社，2018.

第二章

创新型创业者特征及成长的影响因素：基于案例的总结

李开复曾经说过，创业并不适合每一个人，甚至一千人里面只有一个人能做。那么创新型创业者究竟有哪些特质？谁可以成为创新创业者？围绕这个核心议题，本课题组结合政府人才评定和专家意见，选取了15位中关村科技园区创新型创业者①进行案例研究，归纳创新型创业人才的素质与能力特征，总结创新型创业人才素质与能力的形成机理。

在创新型创业者的判定和访谈对象的最终确定上，课题组主要基于创业者的创新创业产出成果的社会和市场认可情况。如果创业者入选国家、北京市或中关村科技园区等政府部门的创新创业人才计划，如国家千人计划、北京市海外人才聚集工程、中关村高端创新人才聚集工程等，或者创业者的创新创业项目已经获得市场投资机构500万

① 纳入标准为:1)基于创新产出获得社会和市场的认可情况选择对象。包括两类:一是已被国家、北京市、中关村和各区县等各级部门评选出的创新人才;二是创新创业项目已经获得投资机构500万元以上投资(公司成立三年内)的创新人才。满足以上条件之一即可。2)以创新创业能力为核心指标的业内人士推荐。主要标准包括知识素质、创新能力素质、创业能力素质等,以及参与访谈的意愿。根据这些标准,由领域内专业人士(中关村园区孵化器运营方、投资机构等)在上一轮圈定的人才中推选具有较好创新创业能力的创业者。

元及以上投资（公司成立三年内），我们就初步判断其为创新型创业者。进而，基于此标准圈定的范围，课题组组织孵化器运营机构、投资人、创业导师等业内人士，进行访谈对象的推荐，并依据参与访谈调研的意愿，最终确定人选。

同时，为了保证研究结论的科学性，课题组在创新型创业者的选取上充分考虑了异质性问题，基于创新型创业者的创业背景、所从事行业领域、性别等维度进行对象选取。最终选取的 15 位创业者涵盖了男性与女性创业者；从事技术创新创业项目和侧重商业模式创新的创业项目的创业者；创业时间在 3 年以内、4 - 10 年和 10 年以上的创业者；年龄在 30 岁及以下、31 - 34 岁，以及 35 岁以上的创业者；留学生创业者、应届毕业生创业者、连续创业者、离职创业者等各类创业者。以期通过异质性问题的把控，使研究结论更具一般性。

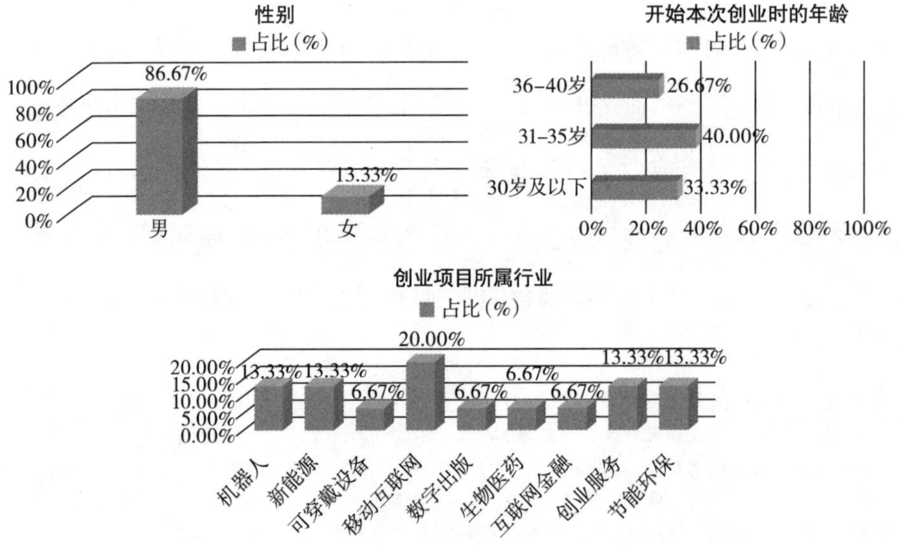

图 2 - 1　被访谈创业者的异质性分类情况

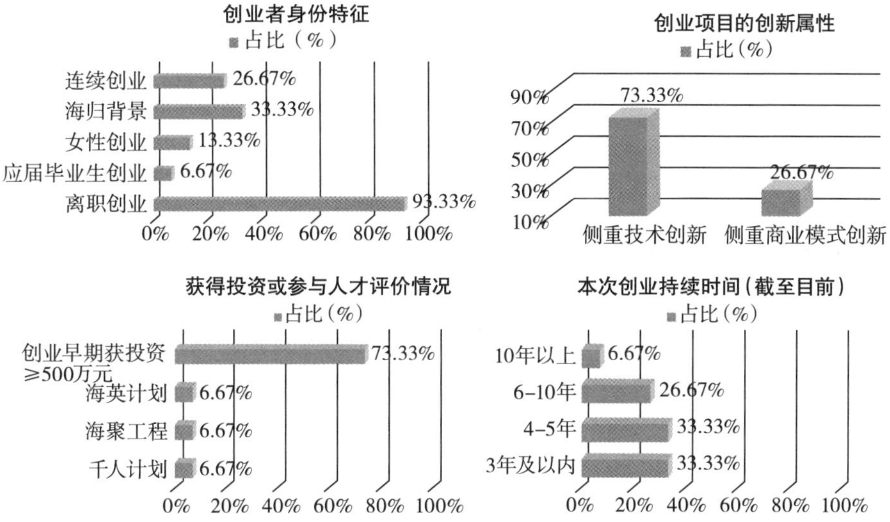

图 2－1　被访谈创业者的异质性分类情况（续）

（一）基础素质特征

基于案例研究结果，课题组按照人才特征特质与创新创业活动开展的关联关系的不同，把创新型创业人才的特征特质划分为两类：一类是基础的素质特征，另一类是开展创新型创业活动的具体能力特征。其中开展创新型创业活动的具体能力特征是以基础的素质特征为依托的，是人才的基础素质和能力围绕创新型创业活动的具体呈现。总体来看，创新型创业人才在基础素质方面具有显著的复合特征。

复合的人格特质。在人格特质①方面，创新型创业者具有非常鲜

① 人格特质包括动机、情感、意志、性格、信念等方面。

明的感性与理性复合特征。一方面他们高度自信、坚定执着、好奇心强、敢冒风险、观察力敏锐、学习能力强；另一方面，他们又显示出脚踏实地、极具理性的做事逻辑，他们执行能力强、保持自我反省、脚踏实地、作风严谨、善于提前规划。他们在做重大决定的时候是喜欢接受挑战的，可以承受较大的风险压力。比如在做创业的决定的时候，大多数都是放弃原有相对安逸的工作环境和高收入的工作条件，非常勇敢地接受挑战、承担风险，开展创业活动。而在具体的工作中，又表现出其认真严谨的一面——认真学习企业运营管理知识、学习与创业项目相关的全方位的专业知识，以严谨的态度对待创业公司的方方面面。

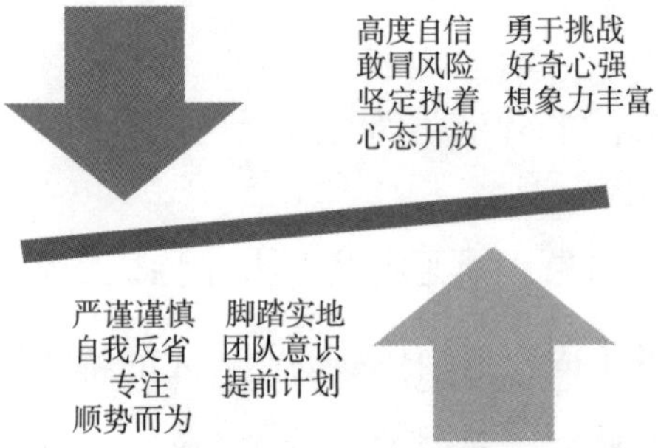

图 2-2 创新型创业者复合的人格特质

复合的知识背景。基于案例研究可以归纳，一个能够较为顺利地开展创新型创业活动的创业者，往往具有扎实的理论知识与实践经验的复合知识背景。一方面在其所从事的方向领域内具有较深厚的理论知识，另一方面还具有该方向领域内的丰富的项目经历或工作经历。例如，课题组所访谈的这些获得初步成就的创新型创业者中，硕士及以上学历人员占比为 80%；有工作经验者占比为

93.3%，唯一一名没有工作经验的创业者在自己求学过程中也已经进行了一次创业尝试。另外，还有5名创业者在开展此次创业活动之前已经有过1次或多次创业经历。理论知识与实践经验的复合为创业者将知识转化为产品和服务提供了良好基础。被访谈者自己在谈创业体会中普遍提到，自己先前的知识积累和工作经验对自己开展创新型创业具有重要的支持。

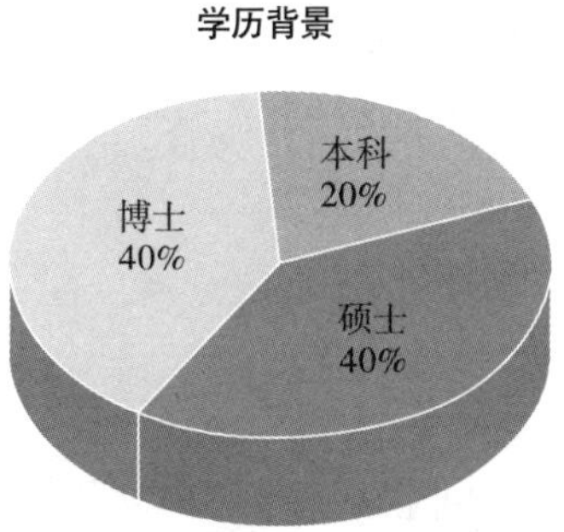

图2－3　创业者的学历背景

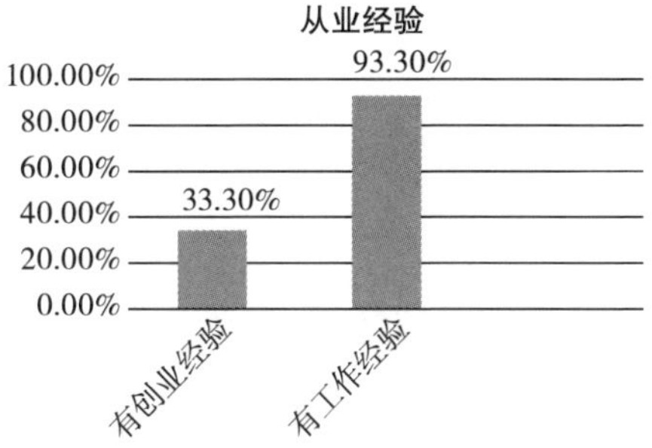

图2－4　创业者的从业经验

复合的脑力与体力素质。成功的创新型创业者通常具有智力水平高、精力充沛的特征，即其在脑力与体力方面具有典型的双高特征。一方面他们智力水平高，访谈对象中有80%的人在求学阶段学习成绩优秀，获得硕士学位的占比为80%，获得博士学位的占比为40%，甚至有1名创业者为双博士学位获得者，还有1名创业者目前正在攻读两个博士学位；另一方面他们身体素质水平高，这些创业者几乎全部都是天生精力充沛，他们可以为了感兴趣的事情不舍昼夜。基于高智力水平，他们积累知识和经验，并保持快速学习能力；基于充沛的精力，他们可以应付创业过程中的高强度工作。

总结来看，创新型创业人才的素质具有显著的复合型特征，其将看似两类截然不同的特质在自身融合，并在不同场合和情境下进行展现，或在同一场合和情境下协同显现。这种复合的素质特征与创新型创业活动之间具有高度契合性，一方面作为创新活动，活动主体需要保持其强烈的好奇心、丰富的想象力，以及敏感敏锐性，还要有很好的知识基础；另一方面作为创业活动，活动主体动手能力要强，还要从实际出发，脚踏实地地开展企业经营，现实地考虑企业运营成本，积极地迎合用户和需求，承担风险并抗击压力。两种对比强烈的素质的复合恰恰与创新型创业活动特征相吻合。

（二）面向创新型创业活动的具体能力

创新型创业者的基础素质在面向创新型创业活动时，会聚合转化为特定的作用于创新型创业活动的具体能力，我们可以称之为开展创新型创业活动的能力特征。

这种能力既包含了创新的能力，也包含了创业的能力。所谓个体层面的创新能力是指个体在学习和继承前人知识、经验、理论、技能的基础上，提出新概念、新思想、新技术、新方法、新设计，提出独特的创见和做出创造发明的能力，主要包括创新意识、创新思维能力和创新技能。①② 所谓创业能力则是指创业者开展创业活动，并实现创业企业较为顺利地成长和发展的能力。Shane 和 Venkataraman 认为，创业活动是从机会识别、评价与开发到新企业的成

① 余华东．创新思维训练教程[M]．北京：人民邮电出版社，2007.
② 王复亮．创新教育学概论[M]．北京：中国经济出版社，2007.

长的连续性过程。[①] 基于此，创业能力也可划分为创业意识（动机）、创业机会识别（或创造）能力、创业机会开发能力，以及企业运营能力。

创新型创业人才复合了创新与创业的能力，并将两者完美结合，融合形成了统一的创新型创业能力。基于创业过程开展，我们可以将创新型创业能力划分为开展创新型创业的意识、创新型创业机会的识别或创造能力、创新型创业机会开发能力，以及创新型企业的运营能力。每个维度的能力中其实都复合了创新与创业两个方面的能力。

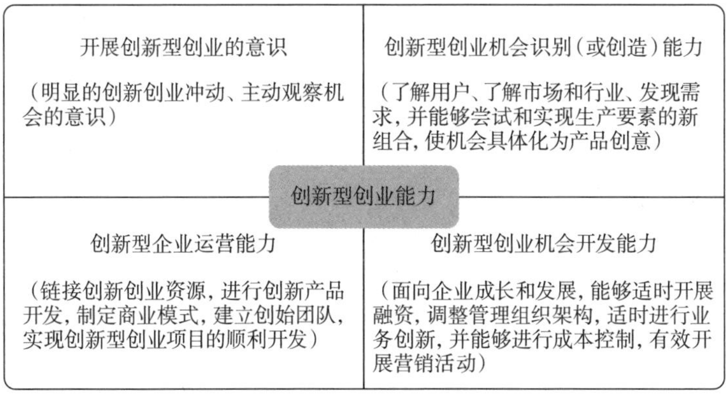

图 2－5　受访对象的创新型创业能力的表现

开展创新型创业的意识。所谓开展创新型创业的意识，即驱使主体产生创新型创业行为的心理动机。开展创新型创业的意识是进入到具体的创新型创业活动中来的首要条件。在案例研究过程中，

① Shane S, Venkataraman, S. The Promise of Entrepreneurship as a Field of Research. Academy of Management Review, 2000, 25(1): 217－26.

研究者明显发现，这些创新型创业者具有主动观察创新型创业机会、开展创新型创业活动的强烈动机。例如，王敏、何晓武等访谈对象都是在读书期间就有了创业的冲动，思考可行的创业项目，并先后进行多次创业尝试。这种意识和冲动涵盖了创新和创业两方面的内容，一方面他们渴望创新，开展创新活动，另一方面，他们试图以创业为基本手段，促进创新项目的开展和创新成果的转化，创新意识和创业意识融合为一体，是一种意识的两个方面。

创新型创业机会识别（或创造）能力。创新型创业机会的识别或创造能力是发现市场上可以通过创新的思维和生产要素的新组合实现需求满足的机会的能力。创新型创业机会的识别或创造是开展创新型创业活动的前提。研究中的受访对象在这方面都有突出的表现，如王敏将石墨烯技术与绘画艺术进行结合，创造了美观实用的取暖壁画；孙赫男将人工智能技术融入数字出版，进行出版产品的创新；管祖光利用物联网技术和大数据技术进行环境监测，提供空气质量相关服务；马强将影视艺术与企业路演相结合，提升企业宣传的效果。

创新型创业机会开发能力。创新型创业机会的开发即围绕创新型机会，投入资源、实现项目开发与销售的过程。这是创新型创业活动开展的核心环节。这个环节中，创新型创业者要实现机会的产品化，组织人力、物力、知识资源等研发生产出具体的面向用户的产品和服务，实现创业活动的实质性进展。创新型创业者在这个方面的能力主要体现在组建创始团队、整合资源、开发产品并进行产品初步销售，以及构建商业模式等方面。也就是说，创新型创业者要有领导者魅力，能够吸引合伙人加入，并进行团队的有效管理；要能够游说行业伙伴、投资人，进行产业资源、金融资本的整合；要能够把控产品方向和开发进度，保证项目的创新性，确保产品能及时上线；要能够架构合理的商业模式，实现产品的市场化，并为各方带来价值。一个成功的创新型创业者，需要这一系列能力的叠加，才能实现创新型创业机会的顺利开发。在调研中，基于对访谈对象成长过程的总结，可以发现，这一系列的能力，或许创业者在成长早期并不全都具备，但是随着创业活动的进展，这一系列的能力都会实现提升。

创新型企业运营能力。在创业机会开发，实现产品和服务的初步销售的基础之上，创业企业就开始转入企业化的运营过程。向这个过程的转变和运作是创业企业实现长远发展的重要一步。对于创业者来讲，根据企业发展需求，要开展融资、进行成本控制、调整组织管理模式、开展营销活动；同时，也要保持创新意识，基于市场变化，不断进行业务创新等，这些都是创业者在企业运营中所需具备的能力和素质。在调研中，多数企业虽然成立时间不长，但都在根据发展背景的变化持续不断地进行创新调整，如根据最新技术进展，将人工智能技术融入产品开发；根据用户需求，进行新产品分类的开发；根据市场发育情况，进行商业模式的调整等。

（三）成长的影响因素

创新型创业人才具备典型的复合的基础素质特征，又具有开展创新型创业活动的显著能力特征。而这些特征特质的形成和显现主要基于两个方面的因素：先天具备与后天激发和培养。

就人格特质、智力水平、体力精力水平，以及开展创新创业的意识和创新型创业机会的识别能力来看，天生的因素占主导作用，被访谈者都认为自己的很多特质是天生具备的、与生俱来的，但同时也有一定的后天强化和激发的因素。就知识和经验素质、创新型创业机会的开发能力、创新型企业的运营能力来说，则是天生特质和后天学习积累的双重作用，甚至，后天的强化和训练更加重要。我们无法改变先天因素，因此，后天环境的影响因素是我们关注的重点。具体来看，创新型创业人才成长的关键影响因素主要有四个方面：家庭环境、受教育环境、工作环境和社会环境。人才成长周期的不同阶段，关键的影响因素不同。

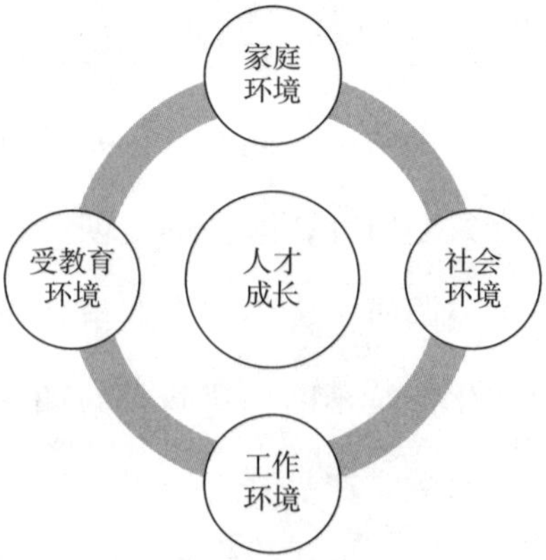

图 2－6　人才成长的关键影响因素

1. 家庭环境影响

从出生到高中阶段，是孩子智力发展成熟、人格特质基本形成、创新意识萌芽、创新思维发展的阶段，这个时期以家庭影响为主。父母较为民主的教养方式，父母的人格特质（特别是母亲）对孩子的成长的影响最大。受访对象在接受访谈过程中，谈起自己幼时成长经历都会不约而同谈起自己的父母，讲述父母的性格、父母的工作、父母的行为方式，以及父母在与自己相处中的惯常模式，这说明幼年时期父母的人格特质在其成长中具有很深的烙印。

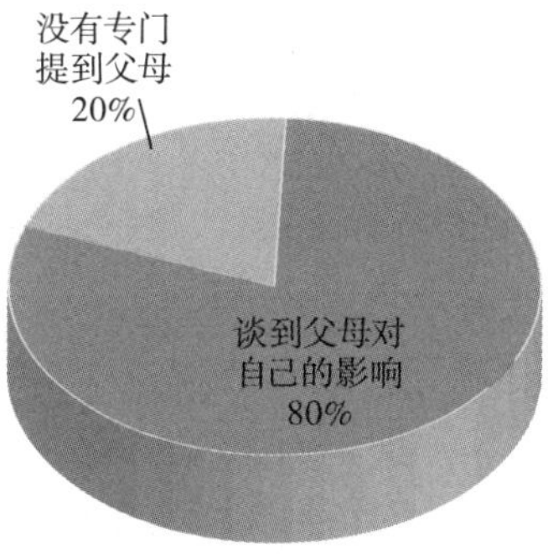

图 2－7　访谈对象关于父母在自己成长中影响力的看法

2. 受教育环境影响

从小学到高中阶段，除了家庭影响之外，学校教育也对人才成长具有很显著的影响。孩子在成长过程中，高概率的成功事件（如考试、参加比赛等）、老师的鼓励等，对其自信心的提升、开放心态的形成、创新意识的萌发具有重要的正向强化作用。在访谈中，有多位被访谈者都专门提出，自己的自信正是通过考试逐步得到强化的。

从大学到研究生阶段，是人才专业知识和技能等素质形成和发展的重要时期，也是创新意识成长、创新思维和创新技能发展的关键阶段。这个时期以学校的影响为主，特别是导师的影响最大。导师严谨的作风和态度影响学生的行为、态度，导师的严格要求和学习机会创造对学生扎实的专业知识基础、专业技能，以及行业前沿发展认知具有重要影响。导师对创新的态度和意识对学生的创新意识、创新思维的强化和发展具有重要影响。访谈中，有70%以上的创业者会讲述到导师以及高等教育阶段的学习经历对自己能力和素质塑造的重要作用。

3. 工作环境和社会环境影响

工作阶段是人才的工作经验、行业经验、行业资源积累的重要时期，创新的思维，以及基于创新意识的创新活动经验都得到积累。这个阶段以工作中的领导、同事、客户以及社会环境的影响为主，领导往往是其积累工作经验、管理经验的重要参照，志同道合的同事可能会成为后期创业的伙伴，工作中形成的行业人脉资源也将成为创业活动开展的重要资源渠道。被访谈的创业者中，有从业经历的百分之百地会从事与自己工作经历有关联的创业项目，其中超过一半的创业者的创业合伙人就是自己的同事。

另外，社会环境特别是创新文化以及创新创业的支持政策，对创新型创业者创新创业潜能的激发也具有重要作用。被访谈的创业者中，2010年之后创业的人普遍认为，自己创业冲动的激发，以及最终能够下定决心创业，与当下如火如荼的创新创业浪潮密切相关，与中关村完善的创新创业孵化服务密不可分。

第三章

创新型创业人才成长案例

（一）连续创业

在创业者队伍中，有这么一群人，他们天生闲不住，爱折腾，运作过不止一个创业项目，骨子里充斥着“一波未了一波又生”的创新亢奋。人们给这群人取了个名字——“连续创业者”。

王敏：走螺旋式上升的创业路

在创业者队伍中，有这么一群人，他们天生闲不住，爱折腾，运作过不止一个项目，骨子里充斥着“一波未了一波生”的创新亢奋。人们给这群人取了个名字——“连续创业者”。

王敏是连续创业者中的一员。从高三暑假在老家开辅导班，到大学期间创办“水果快递”O2O模式，还没正式踏入社会，就已在创业路上“小试锋芒”。自从新东方离职后，创业成了王敏人生的主旋律，先是加盟环球雅思，开办了六七所少儿英语培训学校而“名噪一时”。后来加入“互联网 + 教育”的浪潮，却“被拍死在沙滩上”。当“双创”风起云涌之时，他又看上了光伏产业，研发过一个光伏机器人除尘项目，却以失败而告终。直到遇见了“石墨烯”，王敏的人生再一次迎来“高光”时刻。他敢于用“黑金”来取暖，将其应用于“煤改电”工程中，给数万百姓家送去了温暖。

一颗“不安分”的心

20 世纪 80 年代，王敏生于陕西省周至县的一个乡村教师家庭。在父母的循循善诱之下，王敏从小就爱好读书，尤其喜欢从中国传统文化中汲取精华，诸如“天下兴亡，匹夫有责”“修身，齐家，治国，平天下”。这些颠扑不破的道理对王敏之后的人生产生了深远的影响。

王敏对自己要求很高，不仅学习成绩优异，从小学开始就担任班长，协助班主任管理班级，带领同学创新争优。由于信奉孔圣人的“君子和而不同”的理念，王敏尊重班上的每一位同学，善于发现每个人身上的闪光点，即使是那些不爱学习爱打架的学生，也能被他团结在一起，为了班级共同的荣誉而并肩“奋斗”。

关于小时候的成长经历，王敏起了一个有趣的名字——“正向螺旋”。他说，一个人的成长成才，需要在平缓的行进路上不断加以正向刺激，让此人时刻保持一种螺旋式的上升态势，最终成为可造之才，有用之才。而在王敏的成长路上，正向刺激来源于很多方面。在家里，父母为王敏营造了一个宽容民主的教育氛围，给了他更多的发展空间，培养了独立自主的人格。在学校，老师给予他充分的信任，同学有问题找他帮忙，让他养成了勤于思考、以全局观解决问题的能力。

不仅如此，在乐观自信的性格之下，王敏开始了对外界的主动求索。于是，首先有了那段办辅导班的经历。

那是2003年的暑假，王敏参加完高考，距离大学开学还有3个月的时间，“当时没有了学业压力，就想琢磨着干点儿什么”。很快，他在村里办起了教学辅导班，据说很成功，有300多个孩子报名参加，每人交了30元学费。“规模不大，但很有意思”，至今回忆起那段经历，王敏仍然感到兴奋。

“创业的人，爱折腾，有颗‘不安分’的心”，也是从那一刻起，王敏身上的创业潜能被充分地调动起来。不久之后，他坐上了开往吉林省长春市的火车，赶赴东北师范大学商学院攻读市场营销专业。

当下了火车那一刻，站在东北的黑土地上，王敏没来由地激动了好久。当时，他的脑海里出现了毛主席的那句话，“广阔天地，大有作为”。是啊，他的心中充满了期待，在东北，在今后的四年里，他要为自己闯出一片崭新的天地。

这个自称“爱折腾”的孩子，入学之后没多久，加入了学校的学生会，还加入了一个名为“成成商业协会”的社团。“商业协会，顾名思义，就是经商、创业、建团队。”这跟王敏的专业相近，但“理论学习如果不经实践的检验，是体会不到商业真知的”。于是，他跟小伙伴们决定，搞活动，做项目，去企业里拉赞助，整合学校和社会资源，挖掘校园的商业价值，从而实现自身造血。每场活动下来，王敏都要拉着小伙伴做总结，时间长了，大家才晓得“原来营销是这么回事”。每到这时，王敏总是回一句，“我们只窥见了冰山的一角，并没有见到商业的全貌”。

几个月后，东北迎来了最冷的季节，寒风萧瑟，花草凋零，校园也失去了往日的生机。但几乎是在一夜间，在华灯初上的校园里，人们走到哪儿都能看见一群头戴黄帽的年轻人，手里拎着大大小小的水果袋子，一路小跑地穿梭于各个宿舍楼里。“买水果吗？天冷，别出去了，找水果快递吧。”“记这个号码，发个短信，要几个，小黄帽就送几个。”那是2004年的冬天，“水果快递”“小黄帽”的名字“疯狂”地在东北师范大学的学子口中流传着。

十几年前的东北，农业大棚刚刚兴起，冬天里吃上新鲜的水果，本是一件略微有些“奢侈”的事情。更何况，东北师范大学坐落于长春市最南边，水果经小贩之手，从市场里批发出来，再过多道物流环节，进入学校周边商店，价格也被抬高了不少。

王敏和他的小伙伴们正是瞅准了这个痛点，建立起一支销售队伍，起名为“水果快递”，以小黄帽为明亮生动的形象标识，目的是让客户能立时感受到团队的活力。那是“功能机”当道的年代，手机短信是团队创业的最大入口，用户通过短信下单后坐等水果上门即可。两年时间，“水果快递”通过手机短信这一媒介，不定期发送打折、团购等优惠信息，以线上营销有力地带动了线下消费和运营服务。由此一来，王敏团队积淀了不少的忠实客户。

“水果快递”，可以被视为在“前互联网时代”里，王敏牵头开展的一次成功的“O2O”实践。王敏也凭借“水果快递”，获颁2006年“东北师范大学创业人物”奖。如今，“双创”教育走进校园，“水果快递”作为大学生创业的成功案例，被学校编入创业教育课程体系。

这是王敏在学生时代发起的第二次创业尝试，与第一次相比，手段更先进，模式更新颖，影响力也更为广泛。

创业不是一蹴而就

2007年7月，从东北师范大学毕业后，王敏决定遵从内心的召唤——“到海淀去”！

虽生长于陕西县城，但“海淀”二字，他耳熟能详，曾多次出现在他的小学中学辅导教材里；他也与之“神交”已久，曾无数次幻想着，去到这个创新创业的圣地，为自己注入创新的基因。

心向往之，行必能至。毕业典礼一结束，他就带着全部“家当”，坐火车到了北京海淀。他在清华大学附近租了间平房后，加入到找工作的“大军”中。

投了几十份简历，也收到了工作邀请，经过仔细斟酌后，王敏入职新东方，当了一名少儿英语培训老师。在新东方工作的日子很辛苦，也很充实。白天，王敏带着电脑，抱着教材，骑着自行车汗流浃背地赶到学校，在讲台上一站就是几个小时。夜晚，他与星辰做伴，回到家中，吃过饭后，再埋头备课数小时。夜深人静之时，他就潜下心来思考，如何与学生更好地互动，碰撞出创新和创意的火花，从而完善教学效果。

教育培训是一个瞬息万变、日异月更的行业，新东方作为行业旗舰，“教学理念和教学方法自然是业内领先的”。“它的教育目标是把学生培养成具备高智商、高情商和高逆商的人。具体到教学中，快乐课堂是核心词，励志教育是核心力，精熟教学是核武器。”而时刻保持领先与创新的思维，也成为王敏在新东方的最大收获。以至于在之后的多次创业当中，王敏一直将这两点当作创业的关键要素，写入企业文化之中。

在新东方工作两年后，王敏离职，加盟环球雅思（新东方不加盟）。他与朋友合伙，以宣武（现已并入西城区）、丰台为主“阵地”，历时5年，开设了六七家少儿英语培训学校。

这是他第一次正式创业，也赚得了人生第一桶金。谈到具体办学思路，就是“区域复制、打时间差”，“当时，海淀教育比同城其他区域教育至少保持5到10年的领先性”，把海淀优质教育资源移植到宣武和丰台，在课程教学上做微创新，据说深受学员喜爱，还“激起了不小的浪花”。

王敏办学的5年，也是少儿英语培训黄金发展的5年。直到2014年，伴随着大的机构涌入，少儿英语培训也从“蓝海”进入发展的瓶颈期。王敏当机立断将学校转让，重新回到海淀去寻找机会。因为他明白，“创新的原图在海淀”。

彼时，正值“互联网+”开始兴起，它与传统行业深度融合，不断创造出各种新的发展生态。而在教育领域，“互联网+”教育也成为年轻的创业者热衷追捧的创业形态。

王敏也将目光瞄向了这一领域。他带着一个在线作文项目，来到海淀创业园，入驻“创客总部”，参加了该机构举办的首届“在线教育创业营”。那期创业营还吸引了猿题库、熊猫中文等创始人参加，仿佛是在线教育的“黄埔军校”，但它并没有将王敏培养成未来的“将军”。在开发在线作文 APP 期间，王敏发现自己对在线运营的理解不够透彻，非自己所长，于是果断地停掉了项目。

就在同一年，“双创”的热潮开始席卷全国，海淀作为中国科技创新的桥头堡，正式提出重点扶持新能源、新材料等国家战略新兴产业。王敏捕捉到这一信息后，抽身离开教育行业，转而走入新能源、新材料的创业阵地。起初，他与朋友尝试做光伏板材，但“做的人太多，就放弃了”。如果“挖矿不行，我们就卖水，做配套”，他又开发了一个光伏机器人除尘项目，由于企业“缺乏买单的动力”，这个项目后来也停止了。

“创业不是一蹴而就，转型其实挺艰难的。”2014 年，王敏是在不断的尝试与选择中度过的，但他后来想清楚一点，无论如何，他都要在新能源和新材料领域扎下根去。他给出的理由足够充分，那就是除霾。那一年，雾霾“铺天盖地”，“袭扰”全国，搅得人们“不得安宁”。它是政府和老百姓都非常关心的问题。而减少雾霾，做清洁能源相关的产品，等于既揪住了痛点，也抓住了热点。

2015 年，一次偶然的机会，王敏在与海归好友聊天中得知一个有关石墨烯的项目。那是由好友自主研发的石墨烯水性碳纳米高分子发热技术，可用于采暖，还节能环保，但尚处于实验室阶段，亟待在一个辛勤“园丁”的培育下“开花结果”。这一前沿科技成果，让王敏那颗“爱折腾”的心再一次“不安分”起来。在热烈的讨论之后，他与朋友决定合伙创业，立志把石墨烯取暖技术转化成产品，推向市场。

不久以后，北京绿能嘉业新能源有限公司（以下简称“绿能嘉源”）注册成立。

钟情石墨烯的创新之旅

当王敏再一次走进公众视野，是在2015年底，他以参赛者身份来到央视“创业英雄汇”的现场。

在镁光灯的照射下，他走上台，微微一笑，将一个石墨烯的创业故事娓娓道来。此时的王敏，俨然是一名布道者，他对石墨烯的“信仰”，都融入创业的点滴细节。

石墨烯是什么？它是目前发现的唯一的二维自由态原子晶体，电阻率极小的材料，导电性比铜高出百倍，而且超薄柔性透明，4克石墨烯就可以铺满整个足球场。2004年，康斯坦丁·诺沃肖洛夫和安德鲁·盖姆两位科学家成功地提取出石墨烯，并因此获得了2010年的“诺贝尔物理学奖”。

这样的诺奖“材料王”能干什么？“它是物理性能极好、超强的导热材料”，这是王敏的商业构想，而且他也满怀希望。

“理论上说得通，因为石墨烯有极佳的导电和导热性能”，但是，“用‘黑金’来取暖，逻辑上似乎不可行”，由于石墨烯高昂的研制成本，让很多人望而却步。

这种创新的不确定性，考验着创业者的心智、自信心、判断力和勇气。“在别人看不到机会的地方，你能够看到机会，然后果断地把帽子扔过墙，不给自己留后路。”王敏相信，只要努力，“黑金”也能像塑料一样，“飞入寻常百姓家”。

不过，发明创造从来不是石破天惊，一定是经过多少次失败，最终才摸索得出。由于缺少对行业市场的调查与了解，第一代石墨烯取暖产品做出来后惨遭“滑铁卢”，王敏直接经济损失 300 余万元，团队受到重挫，这让他背负了前所未有的压力。直到那一刻，他看见自己的孩子开始跌跌撞撞地学步，摔倒了再爬起来时，他的雄心壮志再一次被唤醒，他将所有负面情绪抛诸脑后，以满满的正能量回归公司。

有了之前的失败教训，王敏认识到，即使再前沿的技术也要以人为本、“接地气”，俗话说“好钢得用在刀刃上”。经过调研，王敏了解到老百姓的需求都是实实在在的，诸如“插上电是否可以快速加热？热起来是否干燥、均匀？产品是否美观、安全？”根据这些需求，王敏团队“重整旗鼓”，投入到新一轮产品研发中。

“水滴石穿，绳锯木断。”——用来形容创业的坚守一点也不为过。新产品研发是一个漫长的过程，从技术起步到实验品成型，再到工业量产的产品，最终做出老百姓喜爱的“爆品”，“每一阶段有每一阶段的窗户纸，捅掉一层很容易，但紧接着又会遇到新的难题。这需要不断地调整思路，追求极致与快速，甚至是挑战人体的极限。”

经过不断的试错与调整，第二代石墨烯取暖产品被研制出来，王敏给它取了一个好听的名字，“画暖家”，寓意是“用一幅画，温暖一个家”。由于迎合了百姓需求，产品销量一路飙升。

这一取暖产品，外观以壁画的形式呈现，让人赏心悦目，只需要挂在墙上，通上电，3－10分钟以后，整个房间都会温暖起来。就材质而言，团队将石墨烯分散液与水性树脂、各种助剂经过刷涂、滚涂、浸涂、喷涂等工艺，制备成水性导电加热涂层材料，可大幅提高电热辐射转化效率到95%（传统50%～65%），提高了升温速度和红外辐射强度，且延长使用寿命达到30万次以上（传统8万～10万次）。

更为幸运的是，石墨烯取暖壁画搭上了国家煤改电取暖政策的“顺风车”。为了治理雾霾，减少燃煤排放，2017年5月，由国家发改委等8个部门联合印发和颁布了《关于推进电能替代的指导意见》，《意见》中明确提出将在北方居民采暖、生产制造、交通运输、电力供应与消费4个重点领域推进电能替代。

“北京也在煤改清洁能源取暖路径上做过多次探索，最后发现，只有煤改电最直接，也最便捷。”近几年来，北京开展了轰轰烈烈的“煤改电”工程，蔡奇书记强调，“好天气要一天一天去争取，治理PM 2.5要一个微克一个微克去抠”。

王敏团队也将目光瞄向“煤改电”工程，希望用石墨烯材料去替代和优化集中供暖等现有取暖方式，于是石墨烯远红外墙裙板和石墨烯远红外炕暖板应运而生。这两款产品结合“煤改电”用户的实际情况，面向城中村、城乡接合部和农村地区没有供暖的区域，用来替代煤炭采暖。

截至目前，绿能嘉源已经在北京顺义区完成9984户吊炕改暖，在陕西宝鸡市完成了11000户土炕改暖，在甘肃武威市完成1500户土炕改暖，很好地解决了老百姓冬季烧炕污染的问题。除此之外，“全国有2300多个县，很多县域是集中供暖覆盖不到的区域，都将是我们潜在的市场。如果让南方居民在冬季用上石墨烯取暖产品，这就带动了消费升级。”

自第一次创业至今，王敏的轨迹一直以中关村为基轴，以海淀为原图。

中关村的伟大在于，营造了一个支持改革、鼓励创新、允许试错的双创环境，最大限度地调动了王敏这样的草根创业者的积极性、主动性和创造性。“中关村海淀园为创业者提供了交流与碰撞、培训、学习、互访、互通的机会与空间。”创业初期，每当王敏遇到“解不开的难题”时，就会跑去参加海淀创业园、中关村人才协会等机构举办的各类创业培训活动，那些是他的“精神食粮”，也是他拓展人脉资源、搭建创业社群的好机会。

当石墨烯取暖产品上市后，王敏受到了北京市、中关村、海淀园等各级政府机构的高度关注与支持。2015年，王敏被海淀园评选为“海英人才”。2016年，绿能嘉源入选“中关村高新技术企业”。同年11月，绿能嘉源获得北京市新技术新产品（服务）证书，并被纳入北京市政府采购目录名单。同一年，中关村石墨烯产业联盟成立，绿能嘉源被评选为联盟理事单位。年底，绿能嘉源在经过严格的评审程序后，获评中关村“金种子企业”。进入2017年，绿能嘉源迎来了快速发展阶段，完成了河北省沧州市11500户“煤改电”采暖设备安装和验收，成功中标了中国美术馆、曹妃甸生态城等一批重点项目的地暖改造。绿能嘉源安全耐用、省电环保的产品得到了用户的一致好评，也因此摘得了中关村石墨烯产业联盟颁发的“2017 年度石墨烯应用示范大奖”。2018 年，绿能嘉源百尺竿头更进一步，成功中标了河北省衡水市、邯郸市、沧州市、河南省林州市、甘肃省兰州市、平凉市、临夏自治州煤改电及土炕清洁能源取暖项目，累计中标额度超过 1.8 亿元。

如今，绿能嘉源已成长为国内石墨烯取暖行业的龙头，也是国内最早实现石墨烯产品化批量生产的企业之一。同时，它也是石墨烯热管理应用领域第一家挂牌新四板（科创板）的公司。

通过创业与创新，用新材料来取代燃煤供暖，进而让雾霾减少，让碧水蓝天重现。当王敏团队往这个方向“奔跑”的时候，等于将个人事业、企业发展与国家转型升级紧密结合在了一起。他在赚取商业价值的同时，也多了一份家国情怀和社会担当。未来，王敏和团队一起并肩携手全力以赴，用科技温暖千家万户，让神州大地洒满阳光！

孙学智：人生就是要“折腾”

“什么叫出路，出路就是走出去，多折腾折腾，活路就出来了；什么叫困难，困难就是总是将自己困在一个地方不动，那人生自然就难了。”这句话对孙学智来说，可能是一个比较合适的总结。他就是这样一个不安分的人，不安于现状，总是寻求改变。用他的话说，就是爱“折腾”。

孙学智是一个在北京部队大院成长起来的孩子，所以他的骨子里面流淌着英雄的血液，从小不服输，遇事不怕事。工作之后异常努力，完成自我能力的提升。这么多年来，孙学智不仅拿到了高级工程师（测绘）、高级工程师（标准化）、全国注册信息安全工程师（CISP）、企业二级人力资源管理师等职称及职业资格证书，还身兼多个社会职务，荣获诸多奖项。2016 年读完全日制工商管理专业硕士研究生之后，又继续攻读管理学哲学博士……果然，人生就是一个不断折腾和努力折腾的过程。折腾自己并不折腾别人，什么时候折腾出个妙处来，这才叫人生！

如今，找准方向的孙学智在创业路上奋勇前进着——“你可以选择不折腾的人生，但你的人生要经得起折腾。”他不光自己实现创业梦想，还在为其他创业者在这条曲折的路上提供支持。

大院男孩

1978 年，对于中国来说具有划时代的意义。有的学者说，这是中国的重新出发，一个国家的重新开始。也就在那一年，孙学智出生了。个人命运和历史的转折紧密交集在一起，他是幸运的，因为中国开始踏上“改革开放”之路，经济从落后困顿到逐渐崛起，市场经济的东风也在神州大地悄然吹起，孙学智也在其中，被历史的洪流推动向前。

孙学智生于北京，母亲是老北京人，父亲祖籍山东鄄城。据现有史料考证下来，他是战国“兵圣”孙膑的第七十代世孙。孙学智的父母都在北京 301 医院工作，他还有一个大自己五岁的哥哥。俗话说得好，“第一个孩子照书养，第二个孩子当猪养”——作为老二，工作忙碌的父母就把孙学智寄养在姥姥家。姥姥是北京的老旗人，对待他特别宽松，这给他了无忧无虑童年的同时，也激发了孙学智的好奇心，外在的表现就是“三天不打，上房揭瓦”。姥姥当然是不舍得“打”的，所以，天不怕地不怕的性格就在孙学智童年时逐渐养成了。回忆小时候，他呵呵一笑，说：“你知道耗子药什么味的吗？我就知道，甜的。”

后来，慢慢长大的孙学智被接回到父母身边，开始了在部队大院的生活。已经习惯特立独行的他，起初并不适应这种生活，但是随着这种文化慢慢渗透到血液当中，精诚团结的环境使他受到耳濡目染的影响——“如果说我的世界观形成是在姥姥家，那么人生观的形成就是在部队大院里。”

但是，少年孙学智绝不是一个让人“省心”的孩子，因为他特别“折腾”——中学六年，换了五所学校，其中一所还是在山东。“我折腾的方法特别简单，可以做到每天都让老师找家长，而且每天犯的错都不重样。”

不过，孙学智的学习能力还是慢慢展现出来了，除了数学成绩欠佳，其他学科的成绩都名列前茅。“跟兴趣有关，当然也跟授课老师有关。”

“父母对我的潜移默化的人生教育其实是有明确框架的，上学最好读到博士研究生，工作最好找个正经单位，找个正经人家的姑娘，该生孩子的时候生孩子。可能正是因为这种框架并不适合我的性格，所以我的叛逆，并不是针对父母，而是针对这种既定框架的。”

1997 年，孙学智考入北京联合大学国际语言文化学院，修读经贸英语专业——一个理科高中毕业生考取了文科院校。当然，进入这个专业学习的原因，除了高考成绩不尽如人意之外，还有就是父母希望他学好英语，将来有机会出国深造。

进入大学之后，孙学智开始收心，进入到学习当中。为了解决学历不足的问题，1998 年他考入中国人民解放军炮兵学院函授计算机应用专业，期间还参加不少培训，并取得了相关证书，如美国

LANDSCAPE 公司的高级网络操作员证书、昆仑瑞通高级技术培训中心的思科工程师（CCNA）证书、IBM LINUX E－LEARNING 的 IBM linux 工程师证书等。

大学毕业之后，计划去德国留学的孙学智开始学习德语，也就是在这个时候，他开始思考："我为什么要出国呢?" 在他看来，出国留学是父母的想法而不是自己的选择。与其这样，不如听从自己的内心，做出决定。

于是，孙学智决定找一份工作。凭借他出色的英语和计算机专业能力，加上微软系统工程师的身份，一家加拿大公司向他投来橄榄枝，孙学智的第一份工作就这样不期而至。他担任 IT officer，因为工作勤奋，后来升职为办公室主任。随着企业在美国纳斯达克上市，公司离开中国，孙学智也就辞职离开。

技术方面得到锻炼的孙学智决心在管理层面也得到提升，于是，2002 年他来到了香港耀天计算机科技公司任广东分公司执行总经理，后来晋升为北京办事处首席代表、中国区总裁助理。在这个过程中，他接触到遥感和地理信息的知识，这也是他特别感兴趣的领域，他决定深耕其中。后来，他陆续在香港国际万通网络连锁集团任副总裁（CMO）、天津中科遥感信息技术有限公司任市场总监。随着工作经验的累积，孙学智逐渐在遥感和地理信息领域崭露头角，积累了一定的创业人脉资源。

"爱折腾" 的性格在孙学智的工作中得以展现，但在他看来，这是为了完成自我提升而去积累的过程，不光将大学期间学到的专业知识应用在实际工作中，还要在工作中不断学习，锻炼自身的专业能力、应变能力、创新能力、不断挑战自我的能力——这也是创业者需要的素质。

万事俱备，只欠东风。

得失寸心知

孙学智决心自己做一些事情，基于多年遥感和地理信息领域的工作经验和自身对地图的兴趣，孙学智很想研究自己的一套东西——城市全景图。但是，他在香港国际万通网络连锁集团任 CMO 时，主要管商务，不能领导技术部门，无法实现自己的想法。

“进去之时满腔热血，出来之时一身伤疤，非我不能也，实在体制约束、思想僵化和科学家为自己谋利这种组合情况不适合我。”后来，在 2008 年，步入而立之年的孙学智决心创业。于是，他与朋友一起注册中科赛博信息技术有限公司，正式启程。

中科赛博的产品主要集中于三大方面：数字城市公共信息共享平台、公众空间信息软件系统和公众信息应急决策支持服务。在数字城市领域，中科赛博为各个城市的电子政务以及自然资源库的建设提供一个自主研发的软件平台。除了提供二维的空间服务，中科赛博在三维方面也提供相关的软件产品。在公众空间信息软件系统方面，中科赛博通过互联网技术，向公众提供一些空间信息的定位和查询以及公交换乘驾车导航相关的服务。在应急系统方面，中科赛博提供一些相关的支持、决策和服务。

这是一个年轻但充满活力的团队，具有博士、硕士以上学历的 20 多人成为核心骨干，夜以继日投入其中。孙学智认为做事情就是需要一个态度，做公司是“技术活”。即便在北京创业成本高，但是优势也不少，除了人才和市场，更重要的是融资渠道也相对广阔。

在孙学智看来，作为公司的创始人，就不能太任性了，要“放下自我”，不再代表个人，而是集体的形象，为公司的每个人都争取利益——这也是企业长久发展的动力源。

“我知道我要走的路，连我自己都看不清楚方向，但每天早上醒来，就要算还有几天该给员工发工资，没钱怎么办，信用卡透支怎么才能拿出现金来，银行贷款怎么还批不下来……这些都是最现实的事，此时没有什么梦想，什么多少身价，而是具体的、现实的问题，六个字‘人、财、物、产、供、销’怎么做到。”

创业路上不是一帆风顺的，有时候创业像是爬山，越往上，同伴越少，遇到暴风雨，咬牙挺过去了，就还有蓝天，偶尔会遇到同路人，虽然相谈甚欢，却也要知道这个世界最大的不变就是变化。

2010年，中科赛博遇到了一次困境。因为中科院的一纸通知，不允许研究员在企业兼职，于是合伙人决意退出。这时候，孙学智并没有就此放弃，而是独自接手了公司全部股份——放弃容易坚持难，何况行百里路者半九十，不能将多年的心血功亏一篑。

2012年以后，孙学智调整方向，将企业主营业务转向遥感数据处理及应用方面，主要通过数据融合技术，提供高精度卫星图像。服务对象为政府机构以及相关的导航服务提供商。公司的运转又趋向平稳与正常，似乎一切又走向了正轨。

经过五年的煎熬，事业总算是有了方向，收入支出各项基本平衡，每年也有了些许盈余，公司的各种资质齐全，算走上了正轨。但树欲静而风不止，本来正在康庄大道上前行，谁知产业政策变化，又遭婚变，好不容易成长起来的“小树”再次面临“濒死”境地。2013 年下半年，公司一分钱不能进账，本人账户里一分钱不能进账，所有的客户业务都必须先做后给钱，活儿都干完了，谁还想着给钱；公司里面主力技术人员大部分离职，去了更好的单位。这就是打回原形重新来过，重新回到刚刚创业之初。

“车到山前必有路”，常人看来好像没什么道理，但对孙学智来说，彼时才真正理解。看见一座山，明明没有路，闷头往前走吧，到山脚下才会看到。但是如果是乍一看，肯定转身就走，因为中间各种树木狼林，雾霭烟瘴挡住了路。这一次，孙学智懂得了创业者要做好“合久必分，分久必合”的心理准备，也要学会归零，能自知，能看清楚自己的真正需求是什么。

“如果哭能管用，那我宁愿哭死，但是创业这条路上，你少判断一个情况，就必然出现问题，只能迎着困难上，而且困难大到无边无际，无任何突破的机会。”孙学智说，创业维艰，此时才真正体会。

创业马拉松

一晃多年，进入不惑之年的孙学智回顾自己的阅历，也是唏嘘不已。从少不更事的北京少年，到手握英语和计算机专业文凭的毕业生，踏上工作之路后频繁跳槽的职业经理人，终于在而立之年踏上创业之旅。经历过失败，迈过人生的低谷之后，孙学智开始反思和顿悟人生：人生不能放任下去，不能一事无成。

2013年的低谷过后，痛定思痛的孙学智看清了自己人生的方向。拥有坚定执着特质的孙学智在一番整顿之后，在创业路上继续勇敢前进着，并于2013年12月参加全国研究生考试。

重新起航的孙学智，把公司的技术部分和行政部分进行了拆分，他希望将自己创业过程中的经验传递下去，把初创企业（特别是IT类）所需的外部支持资源进行汇总，用技术公司打造相关系统，科学管理。有了想法有了工具还需要平台，在北京干孵化器是需要场地的，场地小了不行，可房租怎么办？于是孙学智决心启动融资。他用了9天时间，写就半部商业计划书，融资350万元，北京智泽惠通科技孵化器有限公司在2014年11月宣布成立。

又是一场马拉松，孵化器的场地装修用了3个月，消防审批用了6个月，加上2014年9月河北工业大学经济管理学院研究生开课，除了学校放假，他整整64周没有任何休息。

这期间工作量真是巨大：一天工作从上午7点出门，到晚上11点，甚至凌晨回家，接洽项目1500多个，在孵企业225个，在孵团队无数。还有一堆投资机构、同行机构、行业协会等，数都数不过来。

辛勤的耕耘换来的就是收获，“国家级众创空间”“北京市级众创空间”“海淀区科技型企业集中办公区”“中关村特色产业孵化平台”……诸多资质认证和荣誉也纷沓而至。

凭着孵化器的运营经验，写就《北京智泽汇孵化器孵化服务标准化体系构建研究》，孙学智在2016年7月完成了硕士论文答辩，该论文不仅获得“优秀论文”称号，他也收获“河北省优秀毕业生”的荣誉。2016 年 12 月孙学智获得“首都市民学习之星”称号。

一切似乎又走上了正轨，这是康庄大道吗？当然不是。北京诸多同行竞争，唯有扩大规模和场地，可是成本太高，再次启动融资也难度很大。怎么办？孙学智想到了国际化——把中国的孵化器做到国外去。

2016 年 12 月，孙学智踏上了菲律宾这块既熟悉又陌生的土地——说熟悉，是因为从 2009 年起，他与菲律宾高校间有业务往来；说陌生，是因为之前来菲律宾每次从没有超过 4 天，对这里的人、事、地属于完全不了解状态。

既然想在菲律宾大展手脚，就需要有一个长期的身份，当然最好是学术身份，于是，孙学智在 2017 年 1 月拿到菲律宾高校的博士生签证。当年，他回国五次，累积时间四个月，这期间也是没有一天休息时间，各种讲座、培训、创业辅导、创业大赛评委、答辩、应酬，以及各类项目申报……日程被排得满满当当。

但收获满满，团队架构已经完整，各项收支平衡，还获得了中关村海淀园创新创业服务载体专项支持、北京市众创空间专项支持、中关村现代服务业专项支持……

作为创业者，孙学智认为这是一种生活方式，也是对社会认知的自我突破方式——不要看着每一个成功的人如何，总欲与其比肩，更要看他们在逆境之中是如何挣扎的，如何靠着强大的信念支撑下来的。

创业是人一生的一个过程，并不是整个人生，也不是只有这一种选择。创业者需要很多素质，而这都不是常人能做到的，创业者与其说是为了追求最后的成功，不如说是追求自己炼心、炼体的过程。

“不是所有人都能成为马云，在一定的历史机遇下，做好充分准备才可能取得比常人多一点点的成就。我常说，90%的人不适合创业，9%的人被逼创业，1%的人才是天生创业者。企业家本人便成为企业发展的最大瓶颈——如果他的想法不够大，迟早会被困死在原地。”孙学智说，成功是偶然的，不成功是必然的。但是“不认命”，从必然失败中寻找生机，不断探索和折腾，不正是创业者去完成的使命吗?

创业十年，孙学智也感慨良多：“若是上天给我一次重新来过的机会，我不会选择创业，而更愿意选择当一个读书人。”

2019年7月孙学智即将博士毕业，他说：“人生每一个阶段都有一座高峰，当你在峰顶时，才会发现自己只不过爬上了一个土丘而已。而所谓成功都是每个人自己的心理界定。我不愿成为一个失败者，因为我并没有把我的成功对标任何一个外界的认可的高度，我只愿追求自己的每一个阶段的属于自己的‘没有白活’。如果失败，无非就是自己把成功的标准定高了，那只是需要修订一下标准。博士毕业后，我需要另外再瞄准一个‘土丘’，继续‘折腾’。”

马强：中国“路演”先锋

世界上最硬的物质——钻石，除了它自己，任何东西都不能分割它。裸钻没有价值，对钻石来说，想要变得有价值，就必须自我分割。同理，人只有不断剖析自己，理解自己，才能使自己变得更有价值。

马强就是一位不断自我剖析，探索自己的无限可能，寻找自身价值的创业者。他走南闯北，从就业到开办个人工作室，再到创办企业，一路走来始终保持一颗创新创造的心，不忘自我价值的探索和自我挖掘。在创业之后，更是不断折腾，不断挖掘自身创造力，他首创“影视＋路演”的商业模式，进行高端路演一体化解决方案的开发，他提出“影视＋创业孵化器”，实现艺术与创业孵化的结合。随着创业的深入开展，马强所创办的黑钻石（北京）文化传媒股份有限公司目前已经成功构建人文研究院、电影事业部、文创实验室、路演学院、国家级众创空间、路演事务所、黑钻石基金汇等各具特色并系统运营的业态板块，连锁型路演事务所已布局北京、广州、洛阳、杭州、成都等众多城市。由于其突出成绩与影响力，马强还荣获“2016年中关村创业之星”称号。

会讲故事的少年

1980年，马强出生于吉林省榆树市的一个民主型知青家庭。父母多才多艺爱好文艺，很有艺术气息；哥哥爱读书，经常与马强分享读书心得。在父母的影响下，马强从小就对文化艺术感兴趣；在哥哥的引导下，马强养成了阅读的习惯，从郑渊洁童话书、金庸的武侠小说到《平凡的世界》等各类书籍中不断汲取营养，拓展想象力。这也解释了成年之后的马强身上强烈的文艺气质的根源。

阅读习惯与艺术气质在小马强身上的显著体现就是他非常善于表达，能“讲故事”。他能把看过的动画片、读过的童话故事，绘声绘色地讲述出来。当时小伙伴们爱玩“打四角”游戏，马强也喜欢“四角”，但他并不擅长这个游戏。腼腆羞涩的马强为了拿到“四角”，很有勇气地开辟了获取“四角”的新途径——讲故事，通过讲故事换取“四角”，最终成为“最大赢家”。

“走南闯北”，蓄势待发

1999年，马强考上大学，攻读视觉传达专业。这是马强自己选的专业方向，他这个时候就认定，视觉传达这个专业方向能够把自己的兴趣特长和未来的职业发展很好地结合。

大学时代的马强在经济上并不十分富裕，求知若渴的马强节衣缩食，把省下来的钱用来买专业设备，买最新的专业书籍，有时候甚至为了省钱，就去书店抄书。“我至今还记得，有一天晚上从书店回来，大冬天的非常冷，我路过一家面店，5 块钱一碗的面条，我摸了摸口袋，还是没舍得进去。”正是这种勤奋刻苦让马强积累了扎实的专业知识，提高了专业技术能力。经过大学期间的系统学习，马强构筑了坚实的专业知识基础。

大学毕业之后，马强先去了大连一家影视公司，在影视部负责企业年末拜年短片的工作。这份工作比较清闲，马强度过了一段相对安逸的生活。直至有一天，马强和同事一起到旅顺机关山登山，大家一起拍了一张合影。“我拿到照片之后，看到在大好河山中一脸朝气蓬勃的自己，内心突然备受触动。”马强回忆说：“这大好的光阴，难道就要这样日复一日地浪费下去吗？这不是我要的人生。”马强当即决定南下，去深圳闯荡。因为当时深圳被描述为“遍地黄金之地”，马强觉得那里应该有施展自己才能的机会与空间。

离开大连独自到深圳闯荡的马强，应聘了一家影视策划公司，从事剪辑策划工作。这是一家在业内很具竞争力的公司，马强在这里学习了影视制作全流程的工作，积累了系统的影视策划剪辑方面的工作经验，锻炼了专业技能。同时，身在深圳的马强，也时刻被这座城市的“鼓励创新、宽容失败”的精神所鼓舞，在工作中处处留心，保持创新的意识，并着力在具体的工作中融入创意点子，这种工作态度和工作劲头受到了上司的极大赏识。

尝试创业

2006年的春天，马强收看了中央电视台播放的大型励志创业节目《赢在中国》，深受触动。《赢在中国》认为“励志照亮人生，创业改变命运”，马强被舞台上的创业者所感染，被他们身上那股“励志创业、不断创新”的精神所激励，创业的想法开始在他的脑中萌发，创业梦想的种子开始在他心底生根、发芽。但是，那个时候，对马强来说，创业条件还不充足。他说：“创业的想法虽然从那个时候已经种下，但是创业不仅需要想法，还需要积累，需要学习。只有当过下属，才知道如何当老板；打过工，才知道怎样更好地管理员工。”

直到2007年，马强终于觉得自己的经验历练和技术能力都得到了一定积累，可以试一试追逐创业梦想了。于是，他决定在深圳创办个人工作室，结合自身兴趣和专长，进行企业的影像宣传服务。自此，马强迈出了创业发展的第一步。

然而，万事开头难，马强的逐梦之旅并未一帆风顺。由于工作室初期还没有成型的作品，刚起步也没有什么影响力，开张一个月生意很是冷清。但是马强并没有放弃，他在自己窄小的工作室中精心规划了自己梦想事业发展的第一张愿景图，他告诉自己，“虽然我现在看起来很落魄，但是未来我会做出自己的品牌，我会创办企业，它会像这张图一样发展，它会成功上市。”马强以自己的工作室为据点，一点点积累客户，一点点开拓人脉资源，一步步打开市场，一步步朝着自己的梦想靠近。

转战北京，创新创业上台阶

以个人工作室为依托，马强逐步在行业领域内开拓了市场，形成了一定的影响力，也积累了丰富的商业经验，小有成绩，但这离他的梦想还有很大的距离。同时，在开个人工作室期间，由于项目工作需要，马强与大量的创业者与实业家进行了深度的沟通，在这个过程中，他感受到企业对有效宣传推广的极大需求，以及无法实现有效宣传的迷茫和困惑。他认为，这是一个非常有未来的市场机会，他决定聚焦在企业路演方向，开始创业。

他坚信，电影是表达情感与人生认知的最佳方式，也是企业传递能量、创造价值的最佳工具。而伴随着时代趋势发展，无论是企业、团队、个人，还是技术、产品、品牌，甚至国家都无时无刻不在路演着自己。单纯的影视与传统的路演都无法真正满足需求。只有将新型的路演系统与影视的力量相结合，才能把价值最大化。

这次，马强决定北上，转战北京创业。北京，作为首都，是文化的聚集地，是创新创业的沃土。马强认为，“北京很有文化氛围，而且，北京的政策、资本、人才等大环境也更加完善，在这里创办企业，可以使企业跑得更快”。

2013 年 9 月，黑钻石（北京）文化传媒股份有限公司在北京正式成立，并入驻北京中关村丰台园，成为城市商业服务新业态创领者与品牌运营商。

马强之所以将自己公司的品牌命名为“黑钻石”，原因在于，之前马强在南非金伯利钻石博物馆遇见了这世间独一无二的无价之宝

“黑钻石”，更学习到了“钻石的哲学”——“地球的舍利子，必须自我分割，舍得才有价值”。人就像是裸钻，想要成长就必须懂得舍弃一些东西，勇于展示自己，因为梦想和时光最宝贵。

在马强的带领下，黑钻石在北京的发展很顺利，他们将首创的“影视+路演”商业模式发挥得淋漓尽致，除了为企业带来影像化商业呈现之外，还打造一整套成熟的路演系统，让企业在面对品牌推广、公共关系、渠道招商、市场营销等难题时，有了相应完善的解决方案。2013 年，黑钻石因其在商业应用领域的创新成功被授予“中关村高新技术企业”称号。

随着企业快速地发展，2014 年 6 月 9 日，黑钻石在上海股权交易中心挂牌，正式步入资本市场。

“雄关漫道真如铁，而今迈步从头越。”上市之后，马强的黑钻石借助资本的力量，开始了新一轮的快速发展。黑钻石仍在一步一个脚印认真践行着政府的大政方针，积极在全国布局着路演产业。2014 年，黑钻石国际事业部在美丽的马来西亚成立。黑钻石已然成功登陆国际市场，向世界传递着黑钻石的人文与创意，助推着中马两国文化与艺术进行深度交融。

拥抱变化，继续创新创造

在 2013 年前后，新技术产业革命迅猛发展，创新创业浪潮在全国掀起，大批的创业企业诞生并迅速发展。马强看到北京生生不息的创业企业，他又开始了新的思考——创业企业有更强烈的路演需求，这是一个有潜力的市场。

在充分论证的基础上，马强创造性地提出了“影视＋创业孵化器”的概念，开创黑钻石“影视＋路演”全新孵化模式，通过战略顶层设计、路演文化空间打造、商业计划书、影像工具、路演人培训、资源资本对接，对企业项目进行孵化。黑钻石的众创空间运营得非常成功，迎合了创新创业企业的真实需求，也帮助了企业的快速成长。2016 年，黑钻石被授予北京市众创空间。2018 年，黑钻石被正式授予国家级众创空间。

在此基础上，马强更进一步，以黑钻石众创空间为依托，搭建起了用路演吸引政策、资本及市场关注的优质连锁平台——路演事务所，成为招商引资、打造品牌影响力、提升产业价值的重要依托。进而，随着互联网技术的成熟，黑钻石还特别开发出《路演大侠》APP，形成线上与线下相结合的路演模式。黑钻石实现了从影视的产品经营，升级到路演平台的经营，开启了路演的新常态，开创了商业文化领域新业态，成为“大众创业，万众创新”时代一道亮丽的风景线。

马强带领着黑钻石在路演产业领域不断开拓新的市场，实现其价值。从而，马强成为面向创新创业服务的创业明星，先后荣获“国家科技部创业导师”“中关村金种子项目孵化导师”“2016 年中关村创业之星”等称号。

作为兼具才华与人文精神的中国“路演”先锋，马强不忘初心，在“路演”影视创业之路上一直奋勇前进着。

（二）高校学生创业

2013年以来，一些高校学生也通过创办公司的方式，积极参与到创新创业活动中来，他们往往才20岁上下，但为人处世具有超越同龄人的成熟，并且不惧怕失败，以其初生牛犊不怕虎的精神，在创新创业圈中闯出了自己的新天地。

程石："乐天派"挑战者 >>>>

程石是一个地道的北京孩子，浑身上下透着北京人那股洒脱劲，说话快言快语，举手投足间流露出强烈的自信。在他的人生哲学里，生活就是要勇于挑战、果断决策，人生为一大事来，不能被其他因素所干扰。这样的人似乎天生就是创业者，事实上，程石也确实从上学期间就一直在尝试创业。读书期间他曾创立香港 Slidea Limited，制作手机游戏和决策辅助 APP，也做过微信自媒体和电商创业。博士毕业后，他继续创业之路，创立曦丽科技（北京）股份有限公司，瞄准智慧医疗和智能穿戴方向，研发新产品新服务。他说，我要做的是创业，产品是实现我创业成功的载体，做什么无所谓，但要做有意思的事情，改变生活的新产品。

愈挫愈勇

1987 年，程石在北京出生。与其他“望子成龙”的家庭不太一样，程石父母都是科研院所的研究人员，家庭氛围非常开明，对程石采取的是“放养式”的教育，只培养兴趣，不要求成绩。这对一个小孩子而言，无疑是幸运的，但也正是因为这个原因，程石花在学习上的时间就不那么多：“小学阶段的数学题用计算器，暑期作业从来没有做过。”

不过，花在学习上时间不多的程石，学习成绩倒还不错——在北京五中读书时，每次章节测试都能拿到第一名，期末考试虽然不去复习，但相对来说成绩也不算差。这种情况之下，程石不免有些沾沾自喜，觉得自己不用付出太多就有还可以说得过去的成绩向父母交差，更不愿花费精力在学习上。

转变出现在程石第一次高考之后，那一年他填报的第一志愿是“中国科学技术大学”，但是因为八分之差而失之交臂。程石被湖南师范大学录取，去学校一周后，不甘心的他决心复读。这一次，他把全部心思都投入到学习中，成绩也突飞猛进，前半学年成绩冲到东城区高考的第八名，模拟考试也达到了北京大学的录取线。于是他想，报考北大也是不错的选择。但是，母亲建议他填报两所香港大学作为备选。程石听取了母亲的建议，将香港理工大学和香港浸会大学列入报考志愿中。

那一年程石因为发挥不佳，没有被北京大学录取，香港的两所大学却都抛来了橄榄枝。香港理工大学是多媒体工程专业，香港浸会大学则是数学专业。后来，程石选择了香港浸会大学数学系，选择的原因也很简单，他觉得“数学有难度，可以挑战一下”。这也是程石逐渐成形的思维模式，容易做成的事不值得花太多时间，要做就做有挑战的事。

果然，心里憋着一口气的程石，在四年本科的学习中就修完所有博士生的数学课。经历过两次高考“滑铁卢”之后，程石愿意花时间在功课上，取得优异成绩的同时，他也走出高考失利的阴影，重拾信心。

2010 年，程石本科毕业，他决定继续在数学领域深造，选择美国加州大学圣地亚哥分校攻读数学博士学位。这是一个新的挑战，开学第一堂课，他完全听不懂老师讲的是什么，这使程石倍感压力，但也有了挑战的激情。他开始特别努力地学习，遇到难题就一直琢磨，积极提问，有时候做着题目就睡着了。就这样，往往需要两年才完成的博士候选的三门考试，程石在一年中就完成了。

这段经历对程石特别重要——勇于接受挑战固然关键，但是战胜挑战所带来的强大的自信心才使他在成长的道路“愈战愈勇”。

迎风而上

在读博士期间，程石开始考虑自己未来的人生规划。他的父母建议他留在美国发展，可是程石觉得中国人在美国工作生活，感觉是“二等公民”，无论是在哪个行业都很难进入到管理层，无非是做做技术，成为帮别人打工的工程师。“未来的生活是可以一眼看到头的，这样的生活实在是太没有劲了。不如自己去创业，做一件有意义的事。”“人生最大的幸福，就是很清楚知道自己真正需要的是什么。如果你得到的不是真正需要的，那么活着也不会太痛快，还不如重新选择如何活。”

创业的念头开始在程石的脑海中挥之不去。要不要放弃触手可及的安逸生活，走上一条尚未可知的窄路？终于，他下定了决心——即便以后沦落到北京街头卖煎饼，也要去创业。“人生总是要有所成就，我就是要赌这件大事！”于是，25 岁的程石休学了，他与朋友一起创立香港 Slidea Limited，制作手机游戏《哼给你听》和决策辅助 APP《神秘花园》，还做过微信自媒体和电商。但两个创业项目都没有获得成功。

一年的休学期结束，程石又回到学校继续完成博士学业。他一边写博士论文，一遍思考下一步的创业计划。博士论文完成了，新的机会也恰恰在这个时候出现了。2014 年，程石的大学同学、美国佛蒙特大学的物理治疗博士葛力，找到他谈起一个想法。葛力博士谈道，“伤筋动骨一百天”，当下，骨科康复治疗过程不重视患者体验，由于治疗方式过于枯燥乏味而无法坚持长期治疗是众多患者心中的痛，进而导致患者依从性差。诊所与医院治疗时间有限且诊费昂贵，患者需要自主治疗以达到足够的治疗时间，而在没有医生与治疗师的情况下患者很难进行有效自主治疗。我们是不是可以寻找一种有趣而效果好的疗法？比如，把有趣的游戏引入到枯燥的康复训练中？程石觉得这是一个很好的方向，运动神经控制肌肉障碍、肌力不平衡、肌无力——这三大类疾病，在全球有着几十亿患者，这是一个庞大的市场。两人一合计，认为可以开发一款可穿戴的智能医疗设备，将肌肉锻炼与游戏、音乐结合。

一旦下定决心，程石就要付诸行动。两人在创业项目上达成一致的基础上，找到就职于默克雪兰诺的苗辰，期望在医疗行业中得到经验和资源的支持。在苗辰的引荐下，他们顺利找到了天使投资人。一切都顺风顺水，就等创业启程，大展手脚了。然而，意外还是发生了——他们选定的首席技术官 CTO 因新婚，不能全职回国创业。这对铆足了劲儿要大干一场的程石来说，无疑釜底抽薪！CTO 退出了，还创什么业？

正当程石一筹莫展之际，他在这个时候结交了一位新朋友——机器人科学硕士任楚石，令程石喜出望外的是，任楚石对他手里的项目非常感兴趣。任楚石当时在美国一家电信大公司开发机器人学习和数据分析平台，听说程石要创业，详细了解项目后，毅然全职加入。

那么在哪里开始创业呢？程石认为，新一轮的产业革命背景之下，我国将面临重大的产业机会，也具有广阔的市场，加上国内日渐完善的创业孵化服务，以及政府有力的支持政策，创业从国内起步是最优的选择。

2015 年 5 月，曦丽科技公司在北京成立，程石和他的伙伴们，开启了归国创业之路。与此同时，又有两位业界翘楚被程石招至麾下，一位是前端工程师付晓晨，一位是拥有众多发明专利的机电一体化专家付伟忠。“千帆竞发，百舸争流”，他们的时代来了。

未来可期

研发的过程是艰辛的。从创意到可以使用的产品，是一个不断发现问题和解决问题的过程。“我们最开始的时候一直追求把产品做得小一点，因为现在市面上有类似功能的产品体型都非常的大，用户使用起来很不方便。所以我们就进行设计，产品做得非常小。但是结果呢，根本没法用，因为太小了，信号特别弱，都被人体吸收了。”但程石觉得，这一切都是必须经历的过程。面对困难不退缩，甚至主动选择难度更大的事情，这也是他在成长中形成的个性。既然选择了创业这条路，就让所有的行为和决策都为此服务，没有丝毫动摇。

最终，守得云开见月明。2016 年 3 月，RehabPal APP 研发完成。随后，曦丽科技在美国硅谷的子公司和首批 RehabPal 硬件产品相继成立和生产——这也是程石和他团队打造的拥有自主知识产权的产品，“节奏互动式智能肌电信号肌肉康复治疗系统”——这是一款可穿戴的智能医疗设备，将肌肉锻炼与游戏、音乐等结合，患者通过玩来治疗，复杂的智能监控和计算都由产品在后台处理完成，解决了治疗过程中影响疗效的趣味性、便携性和智能性问题。

在程石看来，这款产品的面世，正是解决了用户进行运动康复的两大痛点：一是因为懒惰和无聊无法坚持，二是不知道方法是否正确。对于第一个痛点，因人对于游戏有战胜欲且易上瘾，且具有娱乐休闲性质，加入游戏的 RehabPal 可以让用户轻松完成锻炼；对于第二个痛点，RehabPal 能将捕捉肌肉的活动通过红（收缩）、绿（放松）光圈（圈大则力强）来反馈，用户参照红绿光圈提示即可。

那么这款产品如何捕捉肌肉活动呢？程石介绍，RehabPal 内置了医疗级别的神经信号传感器，能实时监测肌肉神经信号，并通过导线和正、负、接地三个电极传输到手机 APP 中，从而与游戏实现连接。

然而，程石将 RehabPal 拿到了美国众筹平台 Kickstarter，调研用户对产品的热衷度，效果却并不理想。

为什么大众不感兴趣？面对问题，程石团队又开始了新一轮的思考，在调研的基础上，他们得出，并不是产品不好，而是肌肉锻炼的问题相对专业，个人用户认为自己难以准确把握锻炼方法，以及锻炼效果。因此，并不敢尝试自主锻炼。

那怎么解决这个问题呢？作为创业公司，他们没有精力也没有财力去培养市场，那就需要找能够培养市场的主体进行合作。于是程石团队开始调整营销对象，与经销商合作，经销商再面向机构用户，如健身房、体育社区、医院等进行推销，由这些相对专业的机构采购产品，并面向用户提供专业指导。“创业就是一个不断试错的过程，因为在 Kickstarter 上的尝试，我们才发现了这个问题，也才能针对问题提出解决方案。”程石说。

“这个模式看起来是成功的，现在我们正在和一些三甲医院谈合作项目，专门面向产后盆底肌修复的。医院方对我们的产品很感兴趣。”程石兴奋地说道，“我们估算了一下，仅盆底肌这个部分，就至少有 10 亿人民币的市场。现在经销商已经决定首批采购 2 万台。”

当然，程石并不满足于现有的成绩。他们的团队在一代产品之后，根据用户评价和意见，紧接着又进行了二代产品的开发，目前二代产品已经上线，市场反馈非常好。“让患者在快乐中享受治疗”正在成为现实。

面向未来，程石充满信心。

坚持与改变

程石是一个色彩鲜明的创业者，他似乎就是为创业而生。他说，即便全天下都反对你创业，但是自己觉得“爽”，就应该努力走下去，不必在乎别人的目光，不必为别人而活。这是他的坚守。

但是，他也清晰地认识到，在创业过程中，要不断地“去自我化”。“创业就是一个相互碰撞、求同存异的过程。有太强自我意识的人很难创业成功，因为创业者代表的是各个利益群体。大家的目标可能不一样，有人创业是为了钱，有人在乎成就，有人要自由。这都没有关系，你不用管每个人在乎的是什么，而是关心能不能共同达到这个目标就好。”“公司成立至今，从产品设计、市场定位、公司架构都被调整过很多次。”程石说：“一旦投资人提出否定意见，我就会做出调整让投资人认可，因为钱是投资人给的，我们要代表投资人的利益。”只有意识到这一点，资源才会源源不断地涌过来。程石在持续改变着。

可以预期，这位执着坚守，又懂得顺势而为的年轻人终有一天会实现自己“做大事、有大成就”的梦想。

（三）海归创业

自2000年以来，海外留学归国的创业者凭借其创新能力和国际化发展能力在我国创新创业的舞台上翩翩起舞，并成为我国上个阶段创新型创业发展的中坚力量。如今，这股力量依然源源不断，能量巨大。

何晓武：和时代赛跑的人 >>>>

70后的何晓武一直是走在时代潮流前端的，上大学的时候，读的是当时最火的计算机专业，随后加入出国留学的大潮赴加拿大攻读MBA，2005年进入当时处于爆发前夜的大数据行业领域，2011年又搭上移动互联网创新创业浪潮开始创业，创业项目更是彰显时代特色——直播。如今，他和他的团队所创办的北京思享时光科技有限公司高速发展，成为业内的明星企业。

何晓武也收获诸多荣誉：2016 年 12 月，被评为第二届中关村文化创意产业十大创新人物；2017 年 5 月，又被评为 2016 年度中关村十大海归新星。

然而，看似一帆风顺的“潮人”何晓武却又谦逊谨慎，踏实勤恳。“创业没有成功，因为成功永远是在前方，只有奋力往前奔跑，才能与时代同行。”他说，“要始终对创业怀有敬畏之心，只有怀着一颗敬畏之心，才能把事情做好，才能镌刻一段时光，开创一个时代。”

青春须早为，岂能长少年

何晓武出生于福建的一座小县城。小时候家里条件并不富足，父母的学历层次也不高。但父母都是宽厚待人的性格，对孩子也非常宽容爱护。“我从小到大只挨过一次打，应该是小学大概二三年级吧，玩得有点太疯了，耽误了学习。父亲实在看不下去，拿扫把揍了我一顿。这是我记忆中唯一一次。”何晓武回忆道。何晓武兄弟姐妹的感情也非常好，也都很上进，全部都学有所成，这在农村并不多见。“姐姐毕业工作后，出钱供我哥念书，后来我哥帮我，我再支持我妹妹。”

多年后，何晓武回忆起童年时光，坦言自己的个性养成受父母和兄弟姐妹的影响非常大。幸福的家庭让他充满正能量，相信世界是美好的，也使他善于沟通，懂得体谅他人，能够妥协。

1997 年，何晓武从北京邮电大学计算机专业毕业后，先后在邮电系统和民营企业实达电脑工作，之后又跳槽到外企 UTstarcom——似乎一切都按部就班，缺少新鲜感，这不是他想要的生活。

也就是这个时候，何晓武身边的不少同学好友都去海外留学，何晓武的哥哥也去了加拿大。受到周围亲戚朋友的影响，何晓武也决定去国外看看。于是 2001 年，何晓武通过申请，去了加拿大。他来到加拿大的初衷还是希望工作。但是当时正好碰上互联网泡沫破裂，IT 行业裁员严重，找工作非常困难。在生存压力之下，何晓武就去工厂里面打工，做仓管工人。

与此同时，何晓武又申请了 New Brunswick 大学的 MBA。读 MBA 对理工科出身的何晓武有重要的影响。他系统地学习了商业知识，丰富了自身的知识体系，为之后的创业运营打好了知识基础。谈起这段经历，何晓武说："我第一次对商业有感性认识是在初三那年。那一年，哥哥上大学一年级，哥哥的同学也是我们的老乡，在暑假的时候从厦门批发了一批 T 恤衫在老家兜售，收益颇丰。我从这件事情中发现，原来除了专心读书走科研或者进体制内这条路之外，其实还有商业这条路可以走。而读 MBA 这段经历，又进一步告诉了我，商业体系是什么样的，企业是怎么运营的，创业这条路是怎么走的。"

在获得 New Brunswick 大学 MBA 学位后，2005 年何晓武加入了全球最大的专注于大数据分析、数据仓库和整合营销管理解决方案的供应商之一——Teradata（天睿）。在国际顶尖企业的工作经历，带给何晓武的不仅是专业技术层面的精进，更引发了他对客户需求、企业管理、商业理念等方面的进一步深入思考。同时，节奏舒缓、安逸闲适的异国生活，也使得他那颗不甘平庸的心产生了愈发强烈的不安。“这么多年过来，越来越怕自己会磨没了心气，失去了干劲，就这样等着退休养老。”

在加拿大，何晓武和后来的创始伙伴万波曾经一起兼职创业，想通过创业去印证自己对商业的理解，也想通过创业使自己保持压力和干劲。他们与加拿大当地的电信运营商合作，面向加拿大的华人市场开展 SP 业务，把国内丰富的图片、视频资源与华人用户对接。然而，由于多种原因包括兼职创业精力不足等问题，创业最终失败。

也是这次创业经历，何晓武发现，中国人在加拿大不但在大企业工作会有天花板，即使是创业也存在诸多障碍。于是，在加拿大生活了 7 年之后，何晓武下定决心回国。

少年尚意气，峥嵘各自担

2008 年，何晓武回国。“在 2008 年我又回到国内。开始没有打算创业，因为当时读 MBA 的学费，是政府贷款的，到 2008 年的时候还没有还完。生活都成问题了，还创什么业。”所以何晓武回国之后，先找了一份工作。在 Tyco（泰科）中国从事商务拓展工作，由此积累了更多的商业运作经验，也对国内市场环境和规则有了进一步的了解。

在 Tyco（泰科）中国工作的同时，创业热情依旧强烈的何晓武又一次兼职创业，这次他做了一个 RFID 的项目。然而，又是因为兼职创业的精力问题，项目又一次惨遭失败。也是因为两次兼职创业的失败经历，何晓武深刻认识到，创业这件事，必须一心一意，全身心投入，不然很难取得成功。

2011 年，经过深思熟虑，何晓武辞去工作，准备创业。“愿你出走半生，归来仍是少年”——这句话用在何晓武身上，似乎特别妥帖。

“对于创业团队来说，创始团队以及合伙人的选择是非常重要的，能够决定你将来的整个公司的生存与发展，是否能存活下去。”何晓武表示。他也在各种场合反复强调他的两位合伙人——昔日的大学同窗在公司发展中的重要性和贡献，也不断强调公司的快速成长在于公司全体员工的努力。也是何晓武的这种观念和态度，公司的核心团队非常团结稳定，彼此不会有芥蒂，能够敞开胸怀直接去解决问题。员工的流失率也非常低，这在创业公司中并不多见。

在创业过程中，尤其是在创业初期，往往会遇到各种问题，面临各种困难，比如资金周转困难、团队稳定困难、商业模式选择困难等。“还记得在 2012 年到 2013 年间，为了节约成本，公司连着搬了 6 次办公室。我们努力找一些租金相对更低、哪怕是很偏远的地方，甚至有时候会和朋友暂借办公室，尽量把有限的资金投入到最需要的地方去。”

在创业项目的选取上，自思享时光创办伊始，何晓武和他的团队就将着眼点放在了垂直移动社交领域，当时的中国移动社交市场尚处在发轫初期，他们成为那一批先行者。

他们开发的第一个产品是“LIFENOTE”，一个既可以作为记录个人人生点滴的记事簿，又可以作为一个社交分享的平台，整个产品原型都设计出来了，但是经过深入调研发现，基于一个创业团队的实力，这个产品太大，于是被搁置了。

后来，经过团队讨论，逐渐向小的范围推进，推出了 AA 饭客，它的目标群体为白领，是用来分账的一个工具，但是后来发现这个项目又太小，客户黏度和活跃度不够，难以保证流量。最终也以失败告终。

创业伊始，似乎就进入到“僵局”。

行到水穷处，坐看云起时

如何“破局”，成为何晓武和他的团队思前想后的事情。

此时，一个“商机”让他眼前一亮：很多娱乐节目，粉丝支持选手的方式要么是去现场，要么就是看电视直播，通过短信投票……这样的沟通方式是否可以用移动互联网的方式来改变？是否可以开发一个全新的客户端，让粉丝跟粉丝、粉丝跟选手之间可以实时地、不间断地进行互动，进行投票？

带着这样的思考，2012 年 8 月，“秀色”正式登陆 APP Store。这是国内首个娱乐社交 APP，除了提供常规的社交功能外，运用新的理念、技术以及娱乐 O2O 服务的全新商业模式，加入了“纯美PK”、线上互动、线下融合等功能和内容，打造出了一个“在线选美，互动造星”的产业链条和个性品牌，也赢得了自媒体时代下众多追求美丽梦想、敢于展示自我的中国女性的青睐。一经推出，就受到了市场的广泛关注。

虽然市场反响不错，但是问题又接踵而至——用户活跃度、黏度、用户量都达到了预期成效，但是营收的规模一直未扩大。主动求变的团队果断进行“自我革命”，“秀色”转型，2014 年 6 月，全新的“秀色直播”启动上线。

何晓武说：“视频直播在创新上面一直坚持不懈，之前更多是在文字、图片，现在创新到视频直播的方式，视频直播能够帮助做一些技术的创新，这些都是能有效去分配社会资源的一种很好的方式。”

随着思享时光进入到直播市场，营收方面得到了几十倍的增长。同时，资本市场也抛来橄榄枝，思享时光于 2013 年和 2014 年连续获得两轮投资，以“秀色直播”为主打产品的“秀色娱乐”品牌成为该集团公司移动娱乐战略的发力重点。

为了谋求更大的发展与作为，2015 年，思享时代（北京）科技有限公司正式成立。如今，“秀色直播”“乐嗨秀场”“嗨秀秀场”三大平台共同构建“秀色娱乐”品牌，形成时下最流行的生活方式。

思享时代也在创业路上高速前行，2016 年，“秀色直播”在国内五大主流第三方安卓应用商店下载量名列前茅，在直播行业屡创佳绩。思享时代先后被评为中国互联网诚信示范企业、国家高新技术企业、中关村高新技术企业，并入选 2016 年“中关村高成长性TOP100 企业”。

“一款好的产品，背后一定有一个强有力的团队在支撑。好的团队是项目成功的基础，保证团队稳定性是创业成功的前提。”何晓武说，“我们整个核心团队在工作中虽然会有争论甚至是争吵，但是不会因此心存芥蒂，不会造成矛盾，大家都能够敞开胸怀去面对和解决问题。这种氛围也很好地带动和感染了员工，让所有人形成一个共同目标，就是把公司做得更好，把事业做得更大。”

目前，思享时代的管理团队成员都具有丰富的互联网从业经验，大多还有着海外学习工作背景，这种全球视野对拓展事业版图起到了重要作用。“行到水穷处，坐看云起时。”——求变与创新，成为何晓武和团队的制胜法宝。

责任与担当

直播江湖英雄草莽厮杀不断，在成本飙升、竞争激烈、监管收紧、政策严苛等多重压力下，整个行业将面临剧烈洗牌，不管是直播平台还是主播，以往野蛮生长的经营方式势必被淘汰。同时，相关部门密集出台管理举措，无疑对这个行业“当头棒喝”。

对此，何晓武认为，移动直播时代的到来一方面是技术改造生活，体现了科技的魅力；另一方面网络直播泥沙俱下、乱象丛生，需要适当监管更需要企业自律。“野蛮的增长难以持续，吹大的繁荣最容易破裂。”“秀色娱乐”旗下所有直播平台严格遵守国家法律法规及相关政策，并倡导行业自律，是绿色直播平台的实行者与捍卫者。

何晓武说：“无论成就有多大，都应谨记社会责任。公司的快速发展，得到过很多支持与帮助，当不应忘却所承担的社会责任，要懂得感恩社会、回馈社会。”在打造“秀色娱乐”品牌的同时，一直秉持谦虚谨慎的态度和不张扬的个性致力于公益事业。2016 年 11 月携手北京市残疾人福利基金会成立“思享时代—聆听世界的声音”

专项公益基金，为首都残疾人慈善公益事业贡献绵薄之力——慈善行及至亲，但不会仅此为止。何晓武说，公益事业会一直做下去。

始终对创业怀有敬畏之心，何晓武和他的团队谨慎选择创业方向和领域，不盲目跟风。虽然当下移动直播行业竞争激烈，但何晓武表示，带领“灵魂团队”精益求精，不断创新，进一步做大“秀色娱乐”品牌，树立行业影响力，这是可以预见的成效。

谈及未来发展，何晓武表示，“秀色娱乐”将继续秉持绿色健康发展理念和“差异化”发展战略，精耕细作移动视频领域，深度融合线上与线下、虚拟与现实，实现娱乐 O2O 闭环。在拓展国内市场的同时，积极响应国家十三五规划“企业走出去”的号召，布局海外市场，向世界传递中国声音，展示中国力量。

《三体》里面有句话：“我消灭你，与你无关。”——这句话揭示了人类发展的基本规律，对创业者来说更是如此，即要有足够的危机意识，懂得居安思危。在何晓武看来，过去的成绩已经成为历史，未来才是将至的“战场”：“秀色娱乐将会成为国际领先的娱乐生态圈。相较于过去，未来的它更让我期待。”

何晓武就是那个和时代赛跑的人。他说：“墨守成规的企业终将会被淘汰，我们要做的就是改变它。”

（四）女性创业

在这个充满变革的时代，越来越多的女性登上了创新创业的舞台，她们通过自身努力，不断自我突破，巾帼不让须眉，成为新时代创业者中最具魅力的群体之一。

高维嘉：倔强者的人生 >>>>

高维嘉说自己就是一个天生倔强的人，这种性格在小时候就展露无遗——凡事要做，就要全神贯注。17 岁那年，高维嘉赴日学习，那时候她就暗暗下定决心："我是中华民族的子孙，流淌着中华民族的热血，一定要报效祖国！"后来，她毅然放弃在日本的永久居住权，以及多家知名公司的高薪聘请，归国创业。

"创业本身就不是一件很容易的事情，尤其对于女性来说更非易事。在创业的过程中要比男性付出得更多。但是，在创业方面男人能干的事情女人也能干。女强人首先要强在心智，而不是学历和技术。要相信自己，看准了目标就要坚决行动，只有行动了才能有收获。”这就是不服输的高维嘉，她期望“用情怀、用温度、用智慧创造最有价值的企业”，在 2010 年创办北京可视化智能科技股份有限公司时，她说：“没有什么不可以超越。”所以，她在中国智能制造领域默默耕耘，带领团队开疆辟土。2014 年 10 月，可视化公司在“新三板”挂牌，并且不断收获诸如“2014 年最具成长潜力的留学人员创业企业”“2015 中国建材服务业 100 强”“2016 全国水泥行业最佳使用技术与装备”等这样的殊荣。

这一切恰如歌曲里所唱：“我要握紧手中坚定，却又飘散的勇气。我会变成巨人，踏着力气，踩着梦。”

倔强努力的女孩

1980 年，高维嘉在内蒙古赤峰出生。

这是一个从小就性格倔强的女孩，学习刻苦，成绩优异。随着年龄的增长，她逐渐形成了有主见、有担当的良好品质，凝聚了那种“不达目的誓不罢休”的冲劲。

1997 年，高维嘉正在内蒙古赤峰市读高中二年级，父亲和母亲决定安排她去日本留学。

“去日本不是我自己的选择，内心很抵触。”高维嘉说，因为从小接受的是“爱国式教育”，对日本这个国家没有好感。但是，因为内心明白这是父母为自己着想，高维嘉只好踏上东渡求学之路。

一切都是新鲜又陌生的，尤其是对一个第一次离开祖国和父母的怀抱、年仅17岁的女孩子。没有熟悉的朋友，听不懂日语，高维嘉内心充满了恐惧感，白天上完课，晚上就以泪洗面——这样的生活，持续了三周。

那天晚上，高维嘉给家里打电话，1000日币通话8分钟的国际长途，她先哭了5分钟，后来妈妈说："孩子，如果你觉得真的是那么痛苦，真的不行的话，你就回来吧。"

在高维嘉听来，这句话无疑是当头棒喝："如果就这样回国，就意味着我失败了，这可不行！父母让我到日本是干什么来了？是让我学习知识来了，我一定要把日本最好的东西学到手。"

她说，自己懵懂和年少无知的17岁在那天画上了一个句号，擦干眼泪之后，倔强的高维嘉开始了新的生活。"我的学习、我的努力、我的奋斗、我的创造，都是在那一天之后开始的。"高维嘉先过语言关，学习成绩跟上之后，又去兼职打工，逐步完全适应了留学生活。最终高维嘉以优异成绩考取日本龙谷大学。

积累蓄势

就在高维嘉日本求学的同一年，在日本京都发生了一件跟她未来紧密相关的一件事——1997年，《联合国气候变化框架公约》的补充条款《京都议定书》在日本京都签署。这是人类历史上首个具有法律约束力、强制设立节能减排目标的文件，在当时的国际社会引起了巨大反响。

在当时的京都，《京都议定书》成为一个空前热门的话题，在这样的氛围中，高维嘉第一次深切地感受到节能减排对于人类的重要性。年轻的高维嘉觉得这是一件可以去深入研究的事情。于是她请教老师，如何去学习它？老师告诉她，将来可以考取大学法学部。就在这样的背景下，高维嘉开启了在龙谷大学法学部和理工学部的求知之路。

大学期间，高维嘉主动参加了由大学教授和节能专家发起的非营利组织（NPO）——京都环境网，并在多项国际国内活动中结识了日本可视化节能技术理论的创始者、I－BMSS 株式会社董事长、社长、京都环境网理事大庭康彦。大庭康彦认为：“中国在发展过程中，也必然会走向高度重视节能环保的阶段。”

2006 年大学毕业后，高维嘉来到 I－BMSS 株式会社工作，专门学习日本 21 世纪初兴起的国际先进节能技术——在日本被称为“节能的最后一张王牌”的可视化节能理念和技术。

“可视化”顾名思义就是看得见，即可以让用户看得到节能的真正效果。它的工作原理大致可分为以下几个过程：一是通过在线监测进行数据采集；二是利用历史能耗数据通过对标管理、设备额定运行功率分析、设备运行能耗趋势分析、相关设备运行关联分析、同类设备对比、设备停机待机运行对比、能耗异常分析等方法，对采集的数据进行分析，发现能源消耗过程中是何人（设备）在何地何时浪费了多少能源的问题，找出节能空间；三是针对问题给出合理有效的解决方案。

这不仅是技术的升级，更是从传统的技术节能到管理节能的理念升级，是节能领域的又一次革命。管理节能是目前国际公认的先进节能理念，是继工艺改造节能、设备更新节能后的又一种行之有效的节能理念和方法，具有广泛的应用前景。

“可以说，大庭康彦是在中国推广可视化节能技术的‘白求恩’。他认为中国在发展过程中也必然走向高度重视节能环保的历史阶段。”高维嘉表示，“到这个时候我想清楚了，要把这些节能技术引进中国来，使可视化节能技术让更多人受益，支撑中国在二氧化碳减排方面做出贡献”。

厚积薄发

2008 年夏天，北京奥运会成功举办，世界开始瞩目中国，高维嘉正是在这个时候决定回国创业，因为她觉得“时机已经成熟了”。

高维嘉找到了时任北京市发改委节能中心副主任的刘前光，谈到了想把可视化节能新技术引进国内的想法。刘主任是一位事业心强、具有前瞻性眼光的领导干部，他意识到：这项新技术对中国的重要性和广阔的应用前景。他鼓励高维嘉：“你就大胆地干吧！我们坚决支持你！”

工欲善其事，必先利其器——为了做好这件事，高维嘉花了两年时间进行筹备工作。“一是做市场调研，二是和各大部委沟通，充分了解这样的技术在中国有多少市场潜力，能为中国解决什么问题。”就在此时，在高维嘉进行创业准备之时，工信部相继出台了两化融合政策，要求企业提升自动化和信息化的融合水平，要做两化融合的试点示范项目，通过融合来加强精细化管理。这为可视化技术带来了政策福音，成为引领行业的一种趋势。

这对高维嘉而言，时机成熟，只待扬帆远航。

2010 年 5 月，北京可视化节能科技股份有限公司正式成立。高维嘉组织团队研发本土化的可视化能效分析技术，这项技术可以实时、直观地监测设备运行情况，计算出生产过程中使用多少能源才算科学合理；并且根据具体情况，制定改善运行方案，使机器设备在最佳能耗状态下运行；同时通过软件升级可实现设备能耗的自动分析，自动识别设备运行过程中的节能点，挖掘节能空间。

“该技术在国内市场具有技术的前瞻性、理念的先进性和经济上的可行性。根据目前掌握的同行业资讯来看，相同技术在国内尚未出现。随着可视化节能公司科研成果的不断转化，可视化能效分析技术不断升级，将持续保持技术的先进性。”高维嘉认为，这个技术为我国的节能减排提供了重要支撑，填补了国内节能领域的空白。

“公司成立初期很困难，2010 年，我们几乎没有收入。但更难的是，要向社会宣传公司和可视化技术，要让用户认识、认可，接受一个全新的节能理念难度很大。我们边学边干边推广。公司通过参加展览、会议、论坛等每一个机会，宣传可视化节能技术。我们还主动出击，深入到企业用户和节能管理部门去宣传，讲解这项新技术的意义。”

高维嘉正经历着创业之初的“阵痛”：“在人们的传统观念里，花钱购买节能设备是天经地义，买软件和服务却有点难以接受。”她表示，“我们在公司筹备期间，用两年时间在国内做市场调研和管理节能理念的普及。在不断沟通过程中，企业有关人员逐渐有人能理解和接受管理节能的理念。”

功夫不负苦心人，2010年可视化公司迎来了第一个客户——北京科兴源热电有限公司，高维嘉带领项目组成员深入现场，经过认真的分析测算，提出了新的节能减排方案，签订了项目试点协议。项目实施后，客户亲眼见证了管理节能所带来的节能效果，给予了高度认可。

在高维嘉看来，对于科技公司而言，最大的壁垒是技术转化，即需求跟技术之间怎么匹配，进而形成一个产品。公司必须跟客户相结合去搞中国化的需求研究，明确企业的需求到底是什么，这个需求和大数据的关系是什么，这是解决客户问题的核心。明确客户需求之后，公司的技术团队去把它转化成项目产品，再从项目产品转化成商品化的产品。

2012年4月，可视化公司又为北京市琉璃河水泥公司打造了“可视化能源管理中心”，为保证系统有效应用于该公司，可视化节能公司专门组建了节能小组，每月利用该系统分析设备在生产过程中的运行状态，发现并追溯问题，针对问题制定相应的运行改善措施。服务期间，可视化节能公司对设备的运行能耗趋势和相关设备运行关联性进行分析后，发现并解决了很多平常没有意识到或苦于没有专业节能工具而无法发现的能源浪费问题，通过一年的运行，共节省电费1280万元。高维嘉说：“这家水泥公司节能项目完成后，可视化节能技术在业内名气大振，可视化公司也步入了发展的快车道。”

转型升级再创新

历史的车轮滚滚向前，企业发展的步伐也不会止息——为增强发展动力，可视化节能公司在股份制改造的基础上进行了全面整顿和规范。经过认真准备，2014 年 10 月，可视化节能公司在“新三板”挂牌。公司挂牌后在社会上提高了知名度，赢得了良好的口碑，为融资开拓了新的渠道，也为公司招聘高层次人才创造了条件。

如今，可视化节能公司拥有博士及教授级高工牵头的技术研发和管理队伍，人才队伍老中青相结合，专业结构合理。可视化节能公司也与中国科学院、清华大学、中国节能协会、中国水泥协会等机构建立了战略合作伙伴关系，在建材（水泥）、电子、热力、食品、制药等工业领域和大型公建、公共机构等高耗能单位及工业园区开展工作，创出了一条科技创新引领节能减排的新路子。

高维嘉敏锐地觉察到，“十二五”时期中国主要抓节能，到“十三五”中国必然主抓智能，因此她在 2015 年开始研究公司的转型问题，并且于 2016 年将公司更名为“可视化智能科技公司”，由节能向智能转变领域推进。节能和智能仅一字之差，但意义深远，对可视化团队提出了更高的要求和期待。

至今，可视化公司一路高歌猛进，为水泥、食品制药、食品行业、制药行业四大行业提供智能制造整体解决方案，在行业里引起轰动。

2017 年春天，著名的东阿阿胶股份有限责任公司找到了高维嘉，请可视化公司对该工厂的一个重点项目——驴皮生产线进行智能化改造提供设计方案。这是一个世界级的大项目，在工信部已经立项，要求3年完成这个项目。接到任务后，高维嘉非常重视，亲临现场了解情况，与团队一起研究和设计方案。

仅仅三个月的时间，他们就设计和完成了这条从驴皮的来料、叉车的运输、压缩机打包、浸泡、去毛等十几道工序的自动化的流水生产线的全部图纸。过去这条人工生产线需要七、八十人，而如今这条新的自动化、智能化的驴皮生产线仅仅需要几个工人就能完成任务。

高维嘉认为，除了技术创新，还要将目光看到远方。公司发展方向必须着眼于助力中国工业企业的升级转型才能获得成功，未来她希望把德国、日本等国家的先进技术和方案转换成适合中国智能制造的整体解决方案，依托可视化的软件能力，将其提供给客户，进而打造一个全新的生态平台，构建属于自己的可视化“阿米巴经营模式”。

在企业的管理上，高维嘉一直践行稻盛和夫的经营理念和管理哲学，把员工的幸福和利益放到第一位，给员工温暖的家。可视化公司在业内的知名度越来越高，发展越来越快。如今，可视化公司在西安设有研发中心，在上海设有设备生产基地，在安徽、贵州等地设有子公司，在山东设有办事处，在德国、日本分别设有工业4.0工作室。

道德的血液

高维嘉认为：“民营企业家一定要懂得感恩祖国，回报社会。企业家要有责任心和大爱，才能更好地为社会创造价值。”2017 年，高维嘉牵头创办了爱帮光彩公益项目慈善组织，截至目前，累计资助了贫困地区 130 多个孩子。如今，那些得到高维嘉资助的孩子们有的上了高中，有的考上了大学，他们仍然与高维嘉保持着密切的联系。

一切都得以在正确的轨道上稳步前行，高维嘉希望在自己创业十周年之际，公司可以实现新的突破——她希望在 2020 年，可视化公司可以冲击“创业板”，成为上市企业中的一员，为社会、为股东、为员工，以及自己，交上一份满意的答卷。

孙赫男：海归才女的“出版梦”

翻阅孙赫男的学习经历，你一定会觉得她是开挂的学霸才女。1999年中国人民大学新闻系毕业，之后远赴英国斯特灵大学出版研究中心攻读出版学硕士学位，2000年开始在伦敦大学帝国理工学院学习计算机科学硕士，一年之间，便实现了从文科到理科的专业大跨越。工作后又同时攻读英国爱丁堡大学的管理学博士和中国传媒大学的编辑出版学博士。如果她在高校或者大企业中做一名令人羡慕的高级知识分子，生活一定平静而富足，但她偏偏不断地折腾。2001年孙赫男进入一家英国技术公司工作，4年升至技术总监，2005年就职英国斯特灵大学出版研究中心，担任讲师，获得终身教职，2009年却辞职回国加入方正番薯网，担任总编，2011年又离开方正番薯网开始创业，致力于出版行业的互联网+，着力实现互联网、移动互联网到人工智能等技术与出版业的结合。2014年，她所创办的英捷特荣获伦敦书展的国际出版技术提供商大奖，成为获此项奖励的第一家中国出版企业。2015 年孙赫男被评为“中国数字出版年度人物”。

有主意的“小孩”

孙赫男的个性养成与她的父母有很大关系，因为父母就是“爱折腾”的人，认为“能人不挣有数的钱”。母亲在 42 岁那年毅然辞去公务员职位下海经商，起初举步维艰，在除夕夜父母两人一起生病打点滴，却仍然咬牙坚持。这样的场景，孙赫男至今记忆犹新。

父母对孙赫男的教育，秉持尊重的态度。只要孙赫男的决定有道理，就给予支持。甚至在孙赫男高考前的一段时间，她不想去学校，觉得在家复习效率高，要在家复习备考，父母都没有反对，反而帮她请假。高考报志愿也是一样。孙赫男从小就喜欢写作，从小学开始便在报纸上发表文章，并认为记者就是专门搞写作的。因此，高考报志愿她选择了中国人民大学新闻系。父母同样支持她的选择，也同时告诉她，你决定的是你的人生，只要能对你的选择负责就行。所以，孙赫男从小就有了自主决策，对自己负责的意识。

中国人民大学新闻系的教学理念是“记者是杂家，不是写字的，而是理解社会的”，所以要求学生把所有系的课程都必须选一门，孙赫男在这个过程中积累了广博的知识，也对新闻行业有了更深的理解。大三的时候，英国斯特灵大学的一名教授来中国人民大学讲座，就出版行业的相关知识做报告。这次讲座使孙赫男倍受触动，她认识到，新闻记者职业在知识的表达上具有片段性，自己所感兴趣的也许不是记者工作，而是出版工作。于是孙赫男在本科毕业后，就申请了英国斯特灵大学出版研究中心的硕士学位，攻读出版学硕士，从新闻专业转到了出版专业。

2000 年，孙赫男的硕士生阶段的学习已经步入后半段，而在这个时候，互联网浪潮兴起，她接触到了互联网，她敏锐地感觉到互联网浪潮将势不可当，出版业也将会因为互联网而发生巨变，这是大趋势。所以，她立刻申请就读英国伦敦帝国理工学院的计算机专业，又一次进行跨领域、跨学科的学习。

2001 年，孙赫男硕士毕业。按照以往的经验，孙赫男可以轻松拿到诸如摩根士丹利之类的世界顶级投资银行的工作。但是，那一年纳斯达克股灾，许多公司都陷入困境，取消了招聘计划，找一份令人满意的工作似乎成为奢望。对于从小到大几乎没有受到过挫折的孙赫男来说，这是一次不小的挑战。但是这并没有影响她的斗志，孙赫男甚至还跑去麦当劳应聘。最后，因为自己会 PHP，终于被一家英国技术公司录用。

职场小白的蜕变

这家英国技术公司并不知名，还有苛刻的、力求完美的老板，以及超繁重的工作任务。这也许并不是一份让人满意的工作，但是，她坚持了下来，从基层程序员开始，经常在办公室连续工作 24 小时，对于工作的责任心更是达到了跟老板同一水准，经过四年的摸爬滚打，孙赫男成为公司的技术总监。

机会永远青睐上进者。2005 年，英国斯特灵大学出版研究中心开设了一个新的学科课程——“数字出版”，希望招聘既懂出版，又懂计算机的讲师。英国大学对于老师的要求很高，一般都是博士毕业，而且招聘职位是面向全国公开的，必须在国家级报纸上连续刊登两个星期以上的广告。数字出版作为一个前沿专业，人才储备十分稀少，英国斯特灵大学出版研究中心数字出版讲师招聘信息公开后，应聘者居然只有孙赫男和另一个投错简历的人。于是孙赫男凭借独一无二的复合专业背景和专业实力破格进入研究中心担任讲师，开启了她的教师生涯。也许，我们认为这就是故事的结尾——从此，孙赫男成为生活在象牙塔中的令人尊敬的老师，“岁月静好，现世安稳”。

然而，孙赫男并不满足。“也许，我可以在数字出版方面做一些更接地气，更有应用价值的事情。”2009 年，孙赫男回国参加北京国际书展。此时，她敏锐地察觉，数字出版行业已经处于爆发的前夜。“当前业内正在经历第三次变革，如果说前两次（活字印刷术和激光照排技术的发明）改变的是生产方式，第三次就是生产方式和传播方式的同步变革。”她认为，这将是巨大的机会。

从北京返回英国后，孙赫男有两周时间闭门不出，她在思考自己的未来。“在英国大学教学，职业规划的路径是讲师、副教授、教授，而教授的比例相当低，一个系可能只有主任才是教授。何况，即便被评上教授，也要濒临 65 岁退休的年纪了。这是一个可以看得见的人生。”孙赫男说，“这并不是我要的人生。”两周后，孙赫男毅然提交了辞职申请。国庆长假期间，孙赫男就火速回到了北京。

孙赫男奔着创业的目标来到北京，但是由于出国十年，对国内情况缺乏了解，她还是选择先熟悉情况。她加入了方正番薯网，担任总编，潜心熟悉国内行业现状和运营方式。

创业启航

经过两年的国内从业经历，孙赫男了解了中国数字出版业的技术体系，并积累了行业人脉和资源。她觉得时机成熟了。于是，在番薯网被百度并购之前，孙赫男离职。2011 年 3 月，北京英捷特数字出版技术有限公司正式成立，这位才女海归的创业之路正式开启。

回想创业之初的处境，令她唏嘘不已。公司开张的时候，只有两个人，那是在中关村发展大厦一间连窗户都没有的办公室。“我先是骗来了一个副总，是中国出版集团的总监，我们在业务关系中认识的，认识之后呢，我就说你来这儿吧，咱们一起干，他也不知道我这个公司有多大。他当时就辞职了，完了之后，他说我下周来上班吧。我说你先别着急，还没有你工位。”

接着要建自己的技术团队，孙赫男面试了好几个技术人员，人家都不愿意来。后来孙赫男就找熟人帮助介绍，找到了一个中科院软件所的研究生。“我们也没敢把他领公司来，那会儿公司小的跟渣滓洞似的，我们就老是在外面约他吃饭。他就觉得我们是一个非常棒的公司，最后一次吃饭的时候，我就带着劳动合同……”回想创业初期的经历，孙赫男觉得心酸又颇有点喜感。“虽然是骗来的，但是他们加入之后都很有信心，我们一直在一起打拼。”

他们做的第一笔业务是数字内容的转授权，赚了6万元的差价。“这不是长久之计，更不是英捷特未来的业务方向。英捷特要做的是更加具有创新性，更具有价值的东西。”孙赫男说，“我研究了英国出版科技集团的产品后，觉得非常有引进的必要。作为世界上最大的出版技术、方案和服务提供商，英国出版科技集团拥有10家以上世界排名前15位的出版集团客户；它的一个产品线，自1975年面世至今仍在被使用，说明它的产品具有耐磨性和经典性，中国出版业需要的正是这种技术。”

于是，孙赫男尝试跟英国出版科技集团联系，但是，发给员工的邮件却如石沉大海，没有回复。她没有灰心，而是仔细研究了他们公司的员工名字排列，找到了公司总裁George Lossius，猜测他的邮箱地址，很认真地做了一份商业计划书发给他，邮件里还说明自己下个月会去参加伦敦书展，如果有兴趣的话，可以约谈一下。终于，在出发前一天，孙赫男接到George Lossius的电话。经过面谈，原本没有意愿在中国开展业务的George Lossius决定和孙赫男合作。2011年6月，北京英捷特数字出版技术有限公司和英国出版科技集团签了合作协议，当年9月，在北京国际书展上宣布英捷特合资公司成立。

之后，孙赫男招兵买马，英捷特开始快步前行。英捷特先后推出复合出版业务管理系统（Advance）、数字出版运营平台、全球数字图书馆渠道、全球市场营销服务四大系列产品，其中的Advance又是公司的明星产品。

孙赫男感慨道：“好的系统应该帮助编辑成为一名魔术师，以一生十，而现有的系统多以电子书开发为起点，在系统设计上就把编辑的能量束缚住了。Advance 系统共包含 22 个大类、77 个小类的产品类型，许多出版社在安装系统后获得启发，开发出形式多样的新产品，提升了企业效益，我认为这才是一款好的系统软件应该做的。”

“我始终认为，编辑是创意产业的核心生产力，当他孕育出一个新概念时，其中包含的内容资源应该能被编辑成纸质书、电子书、数据库产品等。”孙赫男认为，“数字出版只是与技术密切相关，归根到底，它还是出版的一种新产品形态而已。”孙赫男如此阐释自己对数字出版的理解。作为一位由学界跨入产业界的创业者，她对技术与内容的关系有着独到的见解，而促使英捷特迅速发展壮大的原因，除了产品优势外，也与孙赫男新锐的观念不无关系。

英捷特在创业的第一年就实现盈亏平衡，第二年实现盈利，公司成立的前三年，每一年都是收入和利润翻番，这在数字出版技术企业中并不多见。

2014 年，伦敦书展开幕首日举办的国际出版业杰出奖的颁奖典礼上，中国企业打破了书展以往颁奖对于西方出版企业的关注和偏爱，英捷特首获国际出版技术提供商大奖，成为荣获此项奖励的第一家中国出版企业。英捷特开始在数字出版领域崭露头角，一路高歌。

创新升级

面对公司的平稳发展，孙赫男并没有放松，她说：“创新无止境，保持现状，迟早会被拍死在沙滩上。虽然生存不是问题了，但我们要进一步提升竞争力。”所以，在公司看似发展还不错的情况下，孙赫男又开始了新的思考。

首先是团队建设和管理。两年的时间，公司从十几个人扩展到一百多个人，原有的团队运作模式已经远远无法适应新的形势，公司甚至出现人员频繁流动的情况。2016 年，孙赫男着力项目负责制的建立，以及新的管理模式的探索和试行。

再者就是新产品的研发。随着人工智能技术的深入发展，孙赫男又一次敏锐地觉察到，数字出版即将向智能出版转变。2016 年开始，孙赫男带领团队积极探索公司产品的智能化转型。

勇担社会责任

“我认为人要有格局意识，要有产业责任感和社会责任感。”在孙赫男看来，中国数字出版人才的行业需求已经从原生态数字出版人才转向全面融合型人才。融合型人才即具有技术理解力和技术自信心，具有行业专长，能够面向行业和社会服务，能进行内容策划，是擅长内容运营的人才。那么，复合型人才的培养就成为数字出版行业发展的重要支撑。

基于这样的想法，孙赫男构造了“3C 人才培养计划”，即校园（Campus）、课程（Course）和俱乐部（Club）。未来她将设置“出版科技基金”，通过 3C 计划，从学校、出版社和社长三个渠道同时着手，培养数字出版行业的合格人才。

也是为了培养产业人才，孙赫男坚持在北京印刷学院授课。她说："我们在培养一批年轻的特殊人才，将出版与技术在他们身上融合，他们会是支持行业实现这个融合发展的主要支撑力量。只有人才的问题解决了，产业的问题才能够真正解决。"

孙赫男在实现梦想的路上，风雨兼程。

（五）离职创业

公司高管和技术骨干离职创业者是创新型创业者的主力军，在中关村的创业群体中，离职创业者占了所有创业群体的一半，他们既有工作经验，又积累了行业资源，凭借其能力和资源，他们成为创业者中成功率最高的群体之一。他们往往自带光环，从创业初始，就成为资本关注的对象。

黄孝彬：激情燃烧的岁月

“倘若时光可以倒流，你的选择是否还会像现在一样，走上‘创业’这条曲折的路?”黄孝彬的回答是：“不想留下遗憾，即便选错，也不想错过。”如果继续在国企担任高管，过着平淡如水的日子，按部就班地上下班，也是“岁月静好”的一生。但是，这样的生活，或许就错过了其他可能——有一种岁月，激情燃烧。所以，在他 35 岁那年，毅然选择放弃安稳的工作，创办北京华清茵蓝科技有限公司，成为中关村“创业大军”中的一员。

付出总有回报，机遇总是青睐勤奋的人。如今的华清茵蓝公司已经迈过“死亡谷”，走上了“光明大道”。他们为国家燃煤发电过程中的节能减排做出巨大贡献，成为国内知名的燃烧状态先进测量和优化控制技术的科技型创新企业。

青春无悔

1977 年，黄孝彬出生在云南曲靖一个普通的农民家庭。童年的生活恍若昨天，依山傍水的风景历历在目。那是怎样的一段经历呢？多年以后，黄孝彬回忆起来，印象深刻。

“从小就和父母下地里干活，给玉米锄草，小麦成熟后收割，然后把麦粒铺在马路上晾晒，等晚上再扫拢收起来。”种地收粮食是当时农村的主要收入来源，除此之外，父母也间或做点小生意来贴补家用，平时进货和送货黄孝彬都会帮忙。母亲推着车送货，黄孝彬也跟着；父亲晚上凌晨才从外地把货运回来，他从睡梦中醒来跟着父亲一起卸货。

这绝非是“诗意”的生活，在农村出生和成长的孩子，都应该能体会到这段生活的艰辛与不易。那时候，对一个孩子来说，高考无疑是唯一能够改变命运的途径，唯有好好学习，才能走一条不一样的路。

父亲说：“你要好好学习，才能出人头地。”

黄孝彬没有辜负父母的期望，自小学习成绩就特别优异，每次考试都是全年级第一，中考时也是以第一名的成绩考入云南省重点中学——曲靖市第一中学，每年云南省高考前 50 名中就有 30 多名学生来自这所中学。

但是，生活不会总一帆风顺，命运会在某些时候开一些“玩笑”，这在黄孝彬看来，就是“挫折教育”。

一直成绩优异的黄孝彬在高考时遭遇“滑铁卢”，因为发挥失常而没有考取理想中的医学院校——但是好消息也有，调剂志愿被华北电力大学录取了。

黄孝彬没有选择复读，他觉得华北电力大学也是一所不错的学校，既然命运使然，学习另一个不是“梦想”的专业，未尝不是一件好事。

的确，大学生活为黄孝彬开启了一个新的天地。华北电力大学——这所被誉为“中国电力领域的黄埔军校”，让这个从农村来的少年，走上了一条“科技创新”之路，他如饥似渴地进入知识的海洋中，汲取着养分，同时这也为他未来的创业埋下了伏笔。

在大学读完热能工程专业本科之后，黄孝彬将博士的学习方向确定为“发电自动控制”，研究火电生产现场过程优化的信息系统。他对信息软件系统和硬件设备特别感兴趣，于是在硕博学习期间跟着导师做了很多科研项目，成为导师的得力助手。在实践中得到锻炼，使得黄孝彬在热能工程专业的创新能力得到很大的提升，在这期间，他以主研人开发了国内第一套火电厂的运行优化管理系统。

一切都按照既定的轨道在行进。2004 年，拿到博士学位走出校门后的黄孝彬踏上了工作岗位——这是一家朋友创业的公司，他担任产品研发部经理一职，从事研发工作。三年后，公司被国电科技环保集团下属企业收购，由此黄孝彬成为一名国企职员。

这是一份令人艳羡的工作。进入国电科技环保集团的第一年，黄孝彬就担任总经理助理，第二年升任副总经理，成为集团中最年轻的副处级干部，负责研发、工程、售后等一系列事务。

在这期间，黄孝彬对科研的脚步没有停歇，他认为电厂自动化的核心问题，不是解决自动控制，而是“节能减排”，让过程优化，使得经济性、环保性、安全性及管理方式都获得提高。

随着研究的深入，黄孝彬对火电厂运行控制优化也有更进一步的思考，他发现解决锅炉燃烧问题最重要的技术瓶颈就是燃烧过程的状态监测：“我们国家的锅炉设备很先进，控制系统也很先进，但是燃烧运行控制这一块比较粗放。”

这也是现实情况，因为从煤电厂开始，就需要不断去优化锅炉的燃烧，使燃烧更加充分的同时，排放更少，不仅经济还安全环保。为解决这个技术难题，黄孝彬和国际知名测量科学家闫勇博士，探讨锅炉燃烧优化体系的技术要点，萌发了基于锅炉燃烧从“粗放型”到“精细化控制”转型的创业设想。

埋下了一颗种子，总会有发芽成长的那一天。

涉水启程

创业，是很多人在憧憬或是想象的事情。当“大众创业，万众创新”的火种渐成燎原之势的当下，还有许多人在观望，或是筹划。

对黄孝彬而言，也是如此。一个农村出来的少年，经过诸多努力，在国企任职高管，公司销售额近10亿元，自己有了一定的社会地位和经济基础，收入颇丰、工作稳定——如果把这一切都放下，投入到创业这“九死一生”的未知旅程中，值不值得？面对家人的不支持、企业的挽留，是否要坚持走这条路？这对黄孝彬来说，是一个现实问题。

事情的转机发生在2013年。那一年，黄孝彬赴德国多家高科技企业进行实地调研，看到他们的专注和认真的工作态度，以及对前沿技术的追求精神，他被深深触动了：“德国企业认为，做技术就要做到世界领先，然后将产品销售到世界各地——我们为什么不去试试呢！”时不我待，如果再在犹豫中错过机会，未来可能就只剩下懊悔了吧。

于是，下定决心的黄孝彬毅然辞职，一心踏上创业之路，为实现梦想而重新出发，涉水启程。

首先，就要为这家即将诞生的公司取一个名字，琢磨了许久之后，黄孝彬灵光乍现——有一天看到江苏省某所高校实施的“青蓝工程”，他觉得自己即将要做的事情与环保关系甚大，索性将“青”改成“茵”，加上华清二字，即为“中华大地水清草茵天蓝”之意——于是“华清茵蓝”应运而生。

2013年4月，华清茵蓝公司正式在海淀创业园成立并在此安家落户——这将是一个崭新的起点，黄孝彬希望，在这个走出20家上市公司的园区，可以让“华清茵蓝”振翅高飞。

“对于创业企业来说，成长的道路上经常会踩到不少‘坑’，不管是在技术层面还是后期推广销售层面。海淀创业园就像是一个老园丁，在给予企业肥沃土壤让我们成长的同时，还会通过一系列的助孵服务精心呵护每一家创业企业，让扎根在这里的创业企业都能够向阳生长，不断壮大。”

暂且让我们回到黄孝彬创业的初心上——在他看来，中国大气污染的一个主要来源是大量燃煤，即使新能源技术得到长足进步和发展，但在目前和今后相当长的一段时期，中国的能源结构仍是以煤为主，未来煤炭在中国能源结构中仍将占50%左右的比重。

煤炭在燃烧过程中会产生烟尘、二氧化硫、氮氧化物等污染物。二氧化硫、氮氧化物是形成酸雨的主要原因。而氮氧化物号称雾霾的催化剂，对雾霾中 PM 2.5 的直线上升起着突出的作用。

对于燃煤发电企业来说，如何精准掌握“火候”是一项技术活。以前由于在煤炭燃烧过程中的关键参数难以准确测量和采集，人们只能凭借经验进行燃烧调控，因此经常会出现燃烧不均、效率不高、污染物生成过多的情况。要想解决这一难题，就需要一系列燃烧状态先进测量和优化控制的核心技术解决方案。

但这并不是一件轻松的事情，在这一方面，国内外的研究机构和厂家都做了大量的研究，也做了很多电厂的实验，结果都是以失败告终，“因为燃烧状态的关键参数很难搞得准”。

这就是黄孝彬和他的团队要去攻克的技术难关。“解决氮氧化物的问题应该是把前端搞好。”黄孝彬认为，“把燃烧搞好，尽量燃烧得好，尽可能地少产生氮氧化物。”

难就难在关键的检测上。“风的检测相对来说比煤的检测容易一些，煤的检测是比较困难的。”

黄孝彬及其团队成员以煤粉检测为基础，通过自主研发的Enlandar全截面煤粉在线监测系统，可以准确、实时地测量燃煤电站煤粉输送管道上煤粉流速、浓度、流量等关键参数，结合风粉均匀分配控制技术，可实现煤粉在锅炉内均匀燃烧。

通过自主研发的煤粉颗粒度在线测量技术，改变了长期以来只能通过人工取样检验进入炉膛燃烧的煤粉颗粒大小，可实现最佳煤粉细度控制，同时解决了精确送风问题。通过这些技术的应用，可以精准地控制煤粉燃烧状态，从而显著提升燃烧性能。

另外，这些先进燃烧检测技术的应用领域却不仅限于此，除了燃煤电站，还可广泛应用于数量庞大的工业煤粉锅炉及钢铁、冶金等行业高炉喷吹系统中。

功夫不负有心人，煤粉测量的关键技术难点得以突破，黄孝彬团队将测量和控制结合起来，形成了相对完整的锅炉煤炭燃烧优化方案——距离成功或许只有“一步之遥”。

迈过“死亡谷”

在创业领域，有一个非常著名的说法——“死亡谷”。一项高科技创新技术从研究开发，到形成产品走上市场，需要一段很长的时间，最后还需要商业化才能在市场上取得成功。许多企业还没等熬过这个阶段就已经“死掉了”——这个比例据说可能达到70%～80%，与此同时，另一组数据也会让人印象深刻：中国民营企业的平均寿命仅有2.5年。

这对“华清茵蓝”而言，何尝不是一个挑战！

在公司创业初期，为了拿到银行贷款，黄孝彬把家里房子做了抵押，否则公司资金链将面临断裂的困境；他为了科研进度，整天忙得昏天暗地，早出晚归，没有时间陪妻子和孩子——为了和时间赛跑，凌晨三点，黄孝彬和团队还在忙着发货：“这都是有计划的，这一波赶不上，就需要再等一年！”

困难还不仅于此。即便把技术的机理研究清楚了，在工程应用过程中还会碰到很多的问题，比如测量准不准，在现场测量和在实验室测量的数据准不准？——实际上，现实的条件要比实验室苛刻得多，需要一个个地去攻克和解决。例如，黄孝彬介绍，实验室的管道比较细，而电厂的管道是实验室的10倍，另外，运行条件相差很大，现场的运行条件远比实验室恶劣，需要大量的实验去磨合好多次，才能找到比较合适的处理方案。

这些都是从实践中得到的经验，甚至是教训——这也是技术成果从实验室走向市场必须经历的道路。黄孝彬及其团队在实际的推动和应用过程中发现很多和实验室不太一致的东西，需要把现场模型进行修正处理。因此，也花了大量时间和精力投入其中。最关键的是，产品要有实际价值和效益，技术研发后能不能产生实际效益是项目成败的关键。

黄孝彬算过这么一笔账：通过燃烧优化后，这一技术能减少氮氧化物20%左右的排放，如果是一个完整的项目，“将有助于产生超过1%的节能效果”。1%是什么概念？在电力行业，每年全国消耗的煤炭是40亿吨，其中火电厂就要消耗20亿吨，如果能减少1%，就是2000万吨，600块钱一吨就是120亿元，也就是能产生120亿的节能减排效应——这是巨大的市场，更是机遇所在。

目前，华清茵蓝公司已自主研发出全截面非侵入式风粉在线监测、煤粉均衡分配控制、煤粉细度在线监测等世界领先的创新技术，成立了多相流及燃烧过程检测及控制技术（中国）研发中心，系列产品和技术已在国内多台600MW、1000MW机组成功应用。华清茵蓝公司在2018年还被认定为国家高新技术企业。

但是，对黄孝彬而言，最大的挑战不在技术层面，而是在运营中需要说服电厂、分公司、集团三个层面的工作，推广仍需要做很多努力和积累：“要做案例出来，让大家觉得能出效益，才会肯投入。”

挑战虽艰，希望尤盛。按照黄孝彬的规划，未来华清茵蓝将会分两条路走：一是以测量为业务核心，为燃烧优化项目提供最有力的技术产品；二是以节能产品为主，去做一些综合性的节能减排优化项目——“我们希望通过对燃煤过程的测量及控制技术的持续创新优化，从源头上提升煤粉燃烧的效率及质量，使得燃烧过程尽可能地减少污染气体，为建设碧水蓝天的北京做出自己的贡献。”

这就是黄孝彬的故事，他还在路上，挥洒着青春和热血，写就属于自己的创业“传奇”。他说自己是幸运的，一路走到现在，赶上了时代的机遇：最初海淀创业园给予场地及工商注册等支持，积极为企业拓展融资渠道，经常推荐企业参加园区举办的“三三会”等投融资对接会，还贴心为企业安排一对一的银企对接服务，通过园区独有的银行贷款“绿色通道”给企业“真金白银”的支持，扶持企业的成长——这也是时代给予勤奋者的褒奖。

前路漫漫，在这条有鲜花也有荆棘的创业之路上，还有许多未知的挑战在等着黄孝彬——当然，还有一些等待着去实现的“梦想”熠熠发光，照亮这段被激情点燃的青春岁月。他期望在2021年，经过井喷式发展的华清茵蓝公司，可以成为一家上市企业。

前景可待，未来可期。

张锐："匠"心筑就机器人之梦

非洲草原上，生长着一种尖毛草，在最初生长的半年时间里，它是草原上最矮的植物，几乎没有人记得它的存在。但半年过后，雨水来临时，尖毛草开始以每天 0.5 米的速度向上疯长，仅三五天的时间它就能长到 2 米的高度，成为非洲草原上最高的"草地之王"。

张锐就像这尖毛草，在最初的成长阶段，默默无闻地向下生长，在根部积蓄能量，能深入地下数十米长；而一旦有了机会，又开始向上疯长，让他人望尘莫及。

尖毛草在暗处蓄光，在明处亮相，是出自于对生命的热爱；张锐对创新从无厌倦、近乎神经质般的追求，则是源于他骨子里那颗敢于冒险的好奇心。在新的时代，借助互联网思维，以及一切创新环境，张锐这样具有好奇心、充满拼搏精神的创业者更加光彩夺目。

少年强烈的好奇心与求知欲

张锐的父亲是山东青岛人，母亲是吉林集安人，自小与长白山的天池、瀑布、雪雕、林海相伴长大。那份“结庐在人境，而无车马喧”的静谧、“山气日夕佳，飞鸟相与还”的悠然，让张锐对大自然充满了热情与好奇。与此同时，善良而忙碌的父母没有给张锐过多的学业压力，这让他有更多的时间与邻家孩子和泥土、采蘑菇、捉迷藏……享受着山里娃独有的纯真的童年。

直到有一天，他放学回家，看到父亲在为建造自家房子而忙碌，那一刻，他仿佛被施了魔法，深深地着迷于父亲的一举手一投足间。自那以后，他开始效仿父亲，尝试着做各种手工小物件，选一块木头做雕刻，买零件“鼓捣”一个晴雨表，常常是投入其中，废寝忘食。

长此以往，张锐对万物的这份好奇，逐渐演变为一种积极接受新鲜事物、求知进取的人生态度，这让他在成长的路上受益无穷。

无忧的童年总是很短暂。1998 年，8 岁的张锐结束了在山里的生活，随父母举家迁回青岛市。天赋使然，再加上从小练就的做事忘我的精神头儿，让张锐在小学、初中直到高中，学习成绩一直名列前茅。不过，为了满足旺盛的好奇心，他开始广泛涉猎，博览群书，天文地理，文史哲学，眼界和胸襟也开阔了不少。每到学校放假的日子，他都迫不及待地跑去书店挑书买书。为了看书，他甚至牺牲掉午休时间，为此还常常被老师叫起来罚站。

高中时期的张锐已经很有自己的主见。高一之前，张锐的文科综合成绩一直是班上第一名，但到了高二分班之际，他却毫不犹豫地选择了理科，“文科对我来说太简单了，我喜欢更有挑战的东西”。他在高考结束后，更是拂了亲人要他继承家业、学医学药的美意，果断地填报了北京联合大学自动化专业。志愿表是他填好后，才拿给父母看的。

好奇播下了博学的种子，由此收获了明辨的果实。张锐与同龄人相比，一个突出的优势是勇于化事、敢于负责、长于决断。

对张锐来说，自动化专业是个复杂而神秘的学科，“它覆盖了所有工科知识，控管结合，强弱并重，软硬兼施”。而北京联合大学自动化学院是从清华大学分立而出的，一部分师资也来自清华，实力不容小觑。

2008 年，张锐如愿考入北京联合大学自动化专业。

初入大学的学生都喜欢到处逛逛，去体验所在城市的美景。在一次外出游玩时，一个老大爷问张锐就读于哪所学校，谁知他听到答案后，随口来了句，“好像一般哦!”

“那一刻，我才如梦初醒。”张锐回忆。

人生就是如此，得意与失意相伴而生，笃定与彷徨如影随形。关键是，失意的人能否从彷徨中走出，坚定自励，从容自信。

张锐快速理出一个思路，“除学校外，寻找一些公共平台，把大家聚到一起，凭能力定输赢”。紧接着，他参加了全国数学建模大赛、电子竞赛、虚拟仪器设计大赛……接连获得了国家级和省部级专业奖项。一同获奖的学生都来自名牌和重点院校，其中不乏硕士、博士，而在北京联合大学，当时就只有张锐一人。

获奖是张锐每天五点起床、凌晨两点回宿舍的苦学硕果。勤学如春起之苗，不见其增，日有所长。到了大三，张锐申请了北京市大学生科研创新基金，历经数月实验，研发出一套继电器温度模糊控制系统，之后，他又在《仪器仪表学报》上刊发论文，探讨如何用模糊控制，对继电器在单边状态，而不是常规的正态分布状态下进行研究。在这之前，学术界没有一人发表过相关论文，以至于这篇论文发表后，很多教授不相信出自一个本科生之手。上大四后，张锐又申请了一个双轮自平衡的科研项目，研发成果出来后，他获得了“北京市优秀毕业生”称号。

很多同学不解，“拿模糊控制成果当毕业设计即可，还要瞎折腾什么呢？”张锐回答，“闲着也是闲着，虚度光阴岂不可惜？”

学，然后能行；思，然后有得。如果做个总结，张锐走的是一条“以赛促学内化于心、以学促做外化于行”的成才道路。与此同时，他对母校深怀感恩，因为北京联合大学重视营造实践教学的软硬件环境，“试验器材堪比清华等著名高校”。他也感谢院长和一众老师的谆谆教导。临近毕业时，很多老师帮张锐推荐工作，但都被他拒绝了。

“找工作还得老师帮忙？”

不行，他要自己找。

悟性和勤奋是最宝贵的财富

张锐的梦想是进入一家机器人公司，但在2012年，机器人研发还属于“凤毛麟角”的产业，国内鲜有人涉足，这个初入社会的年轻人，遂将目光瞄向与机器人相近的北航无人机所，这也是国内最早从事无人机研究的单位。

张锐发现北航无人机所的招聘信息时，已经比截止日期晚了好几天，而且对方的招聘要求是博士学历，还要有相关的科研经验。这些张锐都不具备。“死马权当活马医了”，即使看似没有机会，也要抱着试试看的心态，张锐向北航无人机所郑重地投放了自己的简历。没过几天，他还真就收到了对方发来的面试通知。

“不可思议！”当北航无人机所的老师从几百份简历中发现张锐的简历时，他的眼里充满了惊讶与好奇，“一个本科生能有如此丰富的获奖经历，还做过那么多创新性项目，此人必定有过人之处。”同时，张锐也大呼幸运：这位老师爱惜人才，对工作又认真负责，他决定破例给我一个面试机会，但条件是带获奖证书过来“一验真伪”。

面试的情景恍如昨日。地点是在所里的一间实验室，房间里堆满了实验器材。老师们先是抛出来几个专业问题，张锐一一对答如流。紧接着，“面试官”指着满屋的仪器仪表，问张锐认识哪个。张锐转身，不急不慢，从屋的一走到另一头，随之每个仪器的名字从他嘴里脱口而出，不仅如此，他还详细地说出了每台机器的具体型号和使用特性。老师们对他赞赏有加，结果自然也皆大欢喜。那一次，北航无人机所共录用三人，第一人是清华硕士、海外名校博士，第二人是北航博士、副校长的弟子，第三人就是张锐，一个非重点高校的本科毕业生。

博观而约取，厚积而薄发。只有积累丰厚，才能得心应手为

“我”所用。而面试仿如一块试金石，张锐多年的知识和技能储备，就在这一刻喷薄而出，耀人心目。

进入北航无人机所，张锐分到的一项任务是为无人机开发数据链系统。所里给张锐两年时间，第一年做项目开发，第二年做实验调试。

如今，数据链是无人机的“中枢神经”，也是无人机与地面联系的重要纽带，承担着无人机的指挥控制和信息传输任务。

而彼时，无人机虽然能飞起来，但在复杂的人居环境中，尤其是在信息高速发展的条件下，“干扰物”过多，无人机“飞起来就不会再受自己控制”。对此，所里希望找一个思维活跃、动手能力强的人开发一套数据链系统，这是一个探索性项目，结果没有人验证过，做成什么样无从知晓。

领导把这项创新性任务交给了这个新来的年轻人。从此，张锐就全身心扎在实验室里，接近零点才从实验室出来赶回宿舍，第二天早上，再早早赶到实验室里埋头创新，循环往复，不知疲倦。9 个月后，张锐圆满地完成任务，比原定期限足足提前了一年零 3 个月。

通过这一项目的历练，张锐在自动化设备底层开发上技术日臻成熟。底层开发，不论在硬件还是软件领域，都是最基础、最重要的部分，这也为他之后的创业奠定了坚实的技术根基。

一年以后，另一个机会来到张锐面前。

张锐的无人机数据链项目试验成功后，这一消息“不胫而走”，传到了中科院自动化所一位学术带头人耳朵里。当时，中科院自动化所正在筹建一所国家级重点实验室，亟待注入新鲜“血液”，而张锐的项目创新和学术能力，让他们颇为欣赏，没多久，张锐接到了对方抛来的“橄榄枝”。

北航无人机所属于军工企业，业务涉密，并且业务内容也相对固定化，这对不断求新的张锐来说稍显“遗憾”。因此，在北航无人机所工作一年后，张锐进入中科院自动化所复杂系统管理与控制国家重点实验室，踏上了第二段创新的征途。

正所谓人生在勤，不索何获。入职不到一个月，张锐就递交了一篇论文，获得提前转正。从那以后，张锐不断地沉淀自己。他热衷于参与学术交流，查阅行业前沿动态，与同事做学术分享。

在此期间，他负责的平行复杂系统的算法建模与仿真项目，获得了中国石油和化工自动化应用协会科技进步一等奖。他甚至还“闲来无事”，将一本英文自动化学术书籍的原理和案例都翻译成MATLAB仿真程序，获得了美国原作者也是国际自动化领域知名专家的赞赏与邀约，让张锐到美国做他的博士生，但由于家庭原因未能成行。

做了一年理论研究后，张锐发现自己仍然对大型工程偏爱有加，于是他开始“蠢蠢欲动”，并在负责院士的推荐下，进入中国空间技术研究院（航天五院），“有幸参与到嫦娥五号卫星的研发当中”。因这颗卫星将于2019年公布，出于保密考虑，期间的工作暂且不谈。但他通过这一项目，学到了很多跨界技术，也锻炼了他与团队合作沟通的能力。

有人说，张锐是受到了神的眷顾。对此，他莞尔一笑，“不论在哪家单位，我都是最早到、最晚走的那个”，除此之外，他特意强调了一种忘我的精神，唯有内不觉“小我”，外不觉名利，才能把事情做到极致。

梦想是创业的原动力

一直以来，张锐有个潜藏于心的梦想：研发一个机器人，用来保卫或改善世界。

“人和机器人共存的时代必将到来。”当越来越多的创业“大咖”登上讲台，“声情并茂”地阐述他们的机器人梦想时，张锐已于3年以前“先行一步”。年仅26岁的他从航天院所离职，与合伙人庄园自筹300万元，创办了北京钢铁侠科技有限公司，立志打造国内第一个大型双足仿人机器人。

溪壑可盈，志欲无满。那个年代的机器人从业者普遍认为，仿人机器人“难做”、“死贵”又“没用”，但张锐却不顾他人的质疑，一猛子“扎”了进去。

他所挑战的，是机器人领域的最高级别。同时，他也深信，作为服务型机器人，仿人机器人未来将有极为广阔的商业前景。

“仿人机器人的特点在于，形态像人，有躯干、四肢和头部；行为像人，具备动作和视听能力；思维像人，有着自主决策能力，知道在什么场景做什么动作。”当张锐决定做仿人机器人时，国外已经有美国波士顿动力、日本本田等公司相继在仿人机器人项目上持续发力。尤其是波士顿动力公司推出的“Atlas”仿人机器人，已经具备自主搬运、摔倒爬起等良好的行为能力和决策力。而国内仅以项目研究为导向，还没有进入到仿人机器人的商业化进程中。

北京钢铁侠科技有限公司开辟了这块“处女地”。成功的创业者首先要有极好的洞察力，透过纷繁复杂的现象，找到最重要、最核心的问题。张锐便是如此。

公司成立后，张锐开始“招兵买马”，组建团队。合伙人庄园历任 UC、新浪微博、创新工场产品经理，后来离职自己开公司做聊天软件，具有很强的互联网思维。团队中的其他成员均来自北航、哈工大等军工强校，多数曾工作于中国科学院或者航空航天科研院所，“是一支做过大项目、啃过硬骨头的技术团队”。

在管理上，张锐坚持“无为而治”，“团队成员要会自我管理，特别努力去做他喜欢的事情；而我的精力是用来自我思考的”。他还说，人的管理，就像复杂系统里元素之间相互交错，时刻都在发生着变化，重要的是“从变化中把握趋势”。

在战略选择和技术研发上，张锐的决断力更异于常人。这是一种面对未来的不确定性，快速做出判断、选择、执行和不断修正的能力，它也体现了创业者敢于和勇于冒险的精神。

创业期间，张锐曾力排众议，坚持不着急商业化，不靠技术复制去追赶市场，而是潜下心来自主研发，从底层做起。“如果想把一件事做得长久，不能搞一个短平快的东西，虽然做底层研发周期长，时间成本高，但是解决了零部件不兼容问题，有利于之后的统一调整和使用，既节省成本又方便匹配，从长远来看意义重大。”

更为关键的一点是，坚持自己做底层，可以打破中国机器人长期依赖进口的局面，形成一套自主智能传感、决策和控制系统，这才是一名创新型创业者的正确路径。

仅用时半年，张锐就带领团队研发出第一代机器人 ART－0，攻克了仿人机器人最难的部分——双腿，在腰部加了非常重的肢块来充当上半身，重量五十公斤左右，共 12 个自由度，可以自由上下楼梯。对此，自动化和人工智能专家李德毅院士给出了极高的评价："别看就走了这几步，实际上是整个中国机器人技术进步的一大步。"

在对第一代机器人进行总结和新方案设计的基础上，团队又耗时 10 个月，第二代机器人 ART－1 应运而生，加上了双臂、躯干、腰、头，有了人的形态，全身的自由度增加到 26 个。张锐采纳了李德毅院士的建议，为机器人加了"运动脑"，实现了机器人的全身运动控制。

2017 年 8 月，钢铁侠科技又研发出第三代机器人 ART－2，实现了全身 36 个自由度，加入了十指灵巧手，可以像人一样做各种手势和抓取物品。另外，在通讯层面提出了自己的通讯标准 ARTNET，机器人整体的运动速度得到了明显的提升。

张锐把做科研的思维总结成一套方法论："做一个项目，先分析难点到底在什么地方？大概要解决什么问题？用什么样的方法去解决？哪种方法是最优的？怎样能把整个方案给确定下来？确定下来后用什么执行方法是最快的？把这些都理清了，就不会畏惧做一个新项目。"

如今的钢铁侠科技，已经成长为一家全生产要素的机器人公司，掌握智能制造的核心技术，形成了完整的知识产权。成立仅 3 年，公司已斩获国家高新技术企业、北京市优秀创业项目，设立了院士专家工作站，荣获工信部中国电子信息产业研究院授予的人工智能领军企业奖，摘得业内奥斯卡——金萝卜奖和北京市新技术新产品荣誉奖，并受邀担任北京市海淀区文化创意协会副会长单位。在2017世界机器人大会上，张锐还受到了刘延东副总理和马凯副总理的接见。目前，张锐被评为中关村雏鹰人才，兼任工信部机器人质量基础共性技术检测与评定重点实验室学术委员会委员，教育部中国教育发展战略学会人工智能与机器人教育委员会理事。

在不久的将来，钢铁侠机器人将走进科研院校，用于学术研究；它将出现在科技馆、展览馆，为科技迷们带去视觉的“盛宴”；它还会切入到细分的垂直行业，与商用公司展开B端合作；更为长远的目标是，它将深入到每一个家庭去为人类服务。

张沛龙：逐梦“绿色能源”

张沛龙是个学霸，看上去也是一副学者气质。在国家院所和国有企业工作了近 10 年之后，最终选择创业。“从 2000 年创办企业至今，已经走过 18 年，我们一直专注于氢能源领域，从未动摇。”他说：“我们将这个目标作为企业发展的愿景，哪怕面对再多的困难，我们都要坚持下来，就是要为中国和世界提供‘绿色能源’，要将公司做成这个领域最好的领军企业。”

正是因为这样的执着，他所创办的企业取得的成绩也有目共睹：承担科技部“十一五”863 计划“节能与新能源汽车”等一系列国家和地方重大科技项目；拥有一批掌握相关领域尖端技术的专业人才队伍，具备全套的生产技术和持续研发能力；拥有多年生产运营经验，保证了新产品的不断开发和大规模生产的稳定性。

培土筑基

出生在内蒙古的张沛龙从小学习成绩优异，现在看来，就是“学霸”——年年“三好学生”，获奖无数，加上本身乖巧的性格，让父母省心不少。

父母是工厂的工程技术人员，所以对他的影响很大，对新技术的关注和探索，从小时候就在心里埋下了种子。

“小时候，我曾无数次想象过自己长大后从事什么工作，有时候想当工程师受人尊重，有时候想当军人保家卫国，有时候想当科学家为国争光。现在想想，当时可能是因为受到各种文学作品的影响吧。不过，就是没有想到自己会去创业。”的确，1978 年小学毕业的张沛龙，正好见证了中国改革开放大门的开启，也因此成为时代的同行者，选择了一条与众不同的路。

后来，张沛龙以优异成绩考取北京航空航天大学，毕业后决心继续攻读研究生。“那时候，考研究生不是一件特别容易的事，一个班有 30 多个学生，大概也就能考上两三个人吧，何况是跨校，就更是难上加难了。”不过，张沛龙还是如愿考取浙江大学，从事储氢材料的研究。

对张沛龙来说，考取浙江大学只是第一步，因为还有许多挑战等待着他。那时候，浙江大学被誉为“东方剑桥”，能够考进去的都是出类拔萃的学生；北京航空航天大学是工科院校，而浙江大学偏理科，所以许多专业课程都要从头学习。不过，这些难题在“学霸”张沛龙看来都不是问题，第一年考试就名列榜首，班级里面唯一的一个三好学生和奖学金名额，也被他收入囊中。

在张沛龙看来，这也是一个收获自信心的过程，笃信“要靠自己改变命运”的他意识到，只要刻苦努力，用心去做，没有实现不了的目标——这一信念，也成为他创新创业、克服困难的精神武器，不管是未来的研究工作，还是创业，都相伴一生。

1991 年，张沛龙从浙江大学硕士毕业后，被分配到北京有色金属研究总院工作，从此他开启了储氢合金产业化开发的大门。因为出色的工作，先后担任工程师、课题组长，才能也得以证明：研制出储氢电极材料并获得国家有色金属工业总公司科技进步奖；独立完成了“稀土贮氢电极容量的循环衰退模型研究”；申请了发明专利“镍－金属氢化物二次电池用新型复相 AB5 型稀土贮氢材料”；主持了电动汽车用 Ni/MH 动力电池及关键材料的研究，研制出我国第一台用 Ni/MH 电池驱动的电动自行车；参加编写了国家稀土工程研究中心世界银行贷款项目可行性研究报告。

在研究过程中，张沛龙也逐渐明确，能源是人类活动的物质基础，在当今世界，能源的发展，能源和环境，是全世界、全人类共同关心的问题，也是我国社会经济发展的重要问题。储氢材料的市场无限广阔，未来不可估量。然而，自己的科研成果躺在柜子里并没有什么价值，如何将这些研究成果转化为产品，创造更大的价值？张沛龙跃跃欲试，但是在体制内很难实现自己的想法。

不甘心的张沛龙于是选择辞职，1995 年，他加盟一家在沈阳的国企，去做储氢材料的产业化。在他的努力下，公司取得了丰硕的成果，还成为国家科委镍氢电池和储氢材料的产业化示范基地。

工作四年之后，张沛龙决意离开。他认为，只有以自己为主导开展研发，进行产业化，才能更好地实现自己的梦想。加之这个时候自己在技术、管理、项目和公司运营上的工作经验都日趋成熟，已经具备了自主创业的能力。综合考虑之下，他决定回北京自己创业。

于是，奠定事业基础的张沛龙从此走上了创业之路，那一年，恰好是2000年，千禧之年。

开疆拓土

2000年，北京浩运金能科技有限公司成立，“一介书生”张沛龙怀揣工作以来辛辛苦苦积攒下的全部积蓄5万元开启了创业之旅。

张沛龙把目标对准了储氢环节。由于氢能源能量密度高于汽油三倍，加注速度与之相当，用来驱动燃料电池车，环保无污染，因此被视为电动汽车的终极解决方案。近年来，随着人们对节能环保的重视，以及电动汽车产业的发展，氢能产业正处于爆发的前夜。和锂电池不同的是，氢燃料电池的能量密度不仅取决于电堆本身，还取决于其储氢方式。因此，储氢环节在氢燃料电池汽车的发展过程中变得很关键。张沛龙决意在这个领域开拓市场。

浩运金能公司的LOGO是三片向上伸展的叶子组成W图形，张沛龙说，这代表着“智慧、科技、永恒、发展和希望”。而这也正是他要追逐的美好明天，将公司发展成为国内领先、世界一流的固态储氢等储能材料及解决方案提供商；推动氢能及其他可再生能源的高效大规模利用，改变能源使用结构，从根本上解决人类的能源需求和环境污染问题，实现人与环境的和谐可持续发展。

“我创业的初衷就是不希望把科研成果‘压箱底’，而是转化为产品，实现价值的最大化。”于是，浩运金能公司的第一个项目就是张沛龙一直坚持的储氢材料。但是，伴随创业，压力也如期而至。放弃安逸的研究院和国企工作，成为“民营企业”的老板，前途未知，荆棘相伴；加上企业发展前期，研发和固定资产投入较大，公司效益不好，甚至经常处于亏损状态，辛苦一年，到头来收获无几，难免不让人心存沮丧。

尽管如此，张沛龙没有想过放弃。按照他的能力，到任何一家大型企业任职，都能成为一位技术负责人或是高级管理者，拿着丰厚的薪水，过着安稳的日子——但这不是他要追求的生活状态。他说，一旦启程，就要无怨无悔地走下去。

创新再积累

产业的成长是需要时间的，2000 年前后我国的储氢材料产业还处于成长初期，市场规模相对较小。浩运金能公司在这个时间节点进入，面临的是激烈的市场竞争，利润微薄，货款拖欠严重，公司经营业绩并不好。这种情况让张沛龙很苦恼，他不得不深思，企业是否有未来，企业如何能走向未来？

“还是要创新，只有持续创新才能活下去。”张沛龙说，“所以我在 2002 年报考了北京科技大学的在职博士研究生，希望在储氢材料领域继续进行深入研究，掌握最前沿的技术及其发展方向。这是浩运金能生存和持续发展必须要做的。”

张沛龙的深造为公司的研发和持续创新注入了新的动力，经过多年打磨，公司终于迎来了“柳暗花明”：2006 年 12 月，浩运金能公司承担了科技部“十一五”863 计划“节能与新能源汽车”重大项目，是该项目储氢合金开发的唯一承担单位。2010 年项目完成时，项目产品通过了中国电子科技集团第十八研究所和国内几家主要动力电池生产厂家的检测和认证，技术水平为国内领先水平。更重要的是，在这个项目里，汽车厂、电池厂、材料厂和配件厂有密切的分工和合作，大力推进新能源汽车的产业化，这样就实现了产业链各相关企业产品的无缝对接，为公司技术开发和产品成熟提供了良好的契机。项目完成时，浩运金能公司成为国内混合动力汽车动力电池用储氢材料最早的指定供应商。

公司对储氢合金产品进行了三方面的创新，首先是在成分优化方面进行了创新：本行业中，在国内首次采用硼铁等合金原料对储氢合金的 B 侧元素进行置换，利用元素的协同作用，提高储氢合金的综合性能；其次是在制备工艺上进行了创新：在国际上首次提出了快淬合适厚度带材的技术概念，并用该工艺制备了综合性能优良的储氢合金；最后是在表面处理工艺方面进行了创新：颠覆了传统的碱处理工艺，创新性地采用表面酸处理工艺改善合金的充放电活性和动力学特性，效果显著，工艺可控制性强。

目前，浩运金能公司高功率高容量型储氢合金已大批量应用于混合动力汽车和纯电动汽车用镍氢电池。该产品可为我国新能源汽车产业的发展提供优质原材料保障，取代进口，极大地推动我国新能源汽车配件和材料的国产化，推动我国新能源汽车的跨越式发展。

项目产品的推广应用对减少环境污染，降低对石油的依赖程度，培育环保产业，促进循环经济的发展具有重大意义。

2011年12月，浩运金能公司申报的“动力电池用高性能价格比储氢合金的产业化”项目获得“海淀区促进重大科技成果转化和产业化专项”资金支持。据悉，该专项资金设立的目的是进一步推动产学研用紧密结合，加快科技成果向现实生产力转化，提高企业技术创新能力，推进工业转型升级和经济发展方式转变。

形势好转，成长可期。

前路漫漫

张沛龙说，目前主要的储氢方式中，有高压气态储氢、液态储氢和固态储氢三种方式。高压气态储氢存在压力高、体积储氢密度低、安全性较差等问题；液态储氢密度高、安全性较好，但技术复杂、投资大、运行成本高。而固态储氢除重量储氢密度目前尚不理想外，体积储氢密度高、安全性好、使用方便、运行成本低，具有较强的优势。

“固态储氢装置的结构设计非常重要，而目前浩运金能在这方面已经形成了一定的技术壁垒。”张沛龙表示，储氢合金吸放氢过程具有显著热效应，吸氢时放热，放氢时吸热，而储氢合金粉导热性差，反应热无法及时传导出去会造成吸放氢反应减慢甚至停止，应保证装置内热交换的有效性和氢气流动的畅通性。

尽管固态储氢装置目前给燃料电池供氢配套的用量还不大，但浩运金能仍在积极地储备产能，备战氢燃料电池汽车春天的到来。

张沛龙表示，目前固态储氢装置应用领域广阔。在军方或地下工事燃料电池备用电源等细分市场，固态储氢的安全、高体积密度储氢的优势几乎不可替代。固态储氢装置也已经成功应用于气相色谱仪和氢原子钟等精密仪器作为配套氢源，以及航空航天热处理、人造金刚石、半导体和集成电路制造的保护气等方面，属于典型的高端装备制造业。

看中氢能和燃料电池汽车的风口，包括神华、华能、国网等电力公司，已经在积极布局商业加氢站、储能和车用氢能项目，浩运金能也已经开始向下游产业链供货进行配套测试，持续完善储氢材料和固态储氢装置的性能，并计划在两年内量产氢净化装置、氢压缩机等产业链配套装置。随着可再生能源的发展，张沛龙表示，氢能还可以用来构筑风光电能源体系。利用可再生能源获取电能，电能可制氢并通过储氢实现储能，氢通过燃料电池发电，从而实现了整个能源网络的互联互通。

“家中有粮，心里不慌”——基于对这个行业的深刻理解和对未来的准确把握，张沛龙对公司的发展战略已做好了全方位布局。在公司的产品中，既有立足现在的产品，也有着眼于下一代应用的产品；产品结构既能满足现在的市场需求，又能在未来的市场竞争中取得先机。尤其是固态储氢装置领域，因为目前市场很小，技术门槛也比较高，国内别的企业都没有太多的涉足，而浩运金能已然完成了大量的技术积累，无疑占据了先机。

目前，浩运金能已经成为氢能源领域的佼佼者，建立了以企业为主体、以市场为导向、产学研相结合的技术创新体系；与北京理工大学、北京科技大学、北京工业大学建立了全面的产学研合作关系，促进高校科研成果转化的同时，提升了公司的科技水平与研发能力。

对张沛龙而言，也面临着不少“诱惑”，他婉拒了不少投资公司的财务投资计划，而是坚持独立经营公司，以免被急功近利绑架，偏离公司以创新谋发展的发展方向。目前，公司已完成了大量的技术积累，在产业化爆发前夜，公司计划引进有市场资源的战略合作伙伴，扩大公司生产规模，借助资本的力量助推公司快速发展，成就公司发展大业。

“我们可能是中关村‘笨拙’企业的代表，不管时代变迁，人心如何浮躁，我们都坚持在这个领域中，从来没有放弃。”或许，只有专注和坚守，才能在既定的方向上一往无前。

至于成功者的秘诀，张沛龙认为无疑就是“热爱”和“恒心”。只有对自己所从事的事业有着强烈的热爱，坚信会给人类发展带来福祉，埋头坚持，低头拉车，耐得住寂寞，才能在这个领域收获成功。

“不管是做产品研发，还是生产制造，都要把目光瞄准未来，立足长远，只有这样才能走得更久。”——而这就是“筑梦者”张沛龙所一直坚持的“要低头拉车，还要抬头看路”。

薛小祥：为生命保驾护航

从1900年到2018年，人类的平均寿命增长了30岁，这一进步是依靠医疗、健康领域的创新来实现的。

薛小祥的梦想就是能成为生物医药领域创新的一分子，为人类的健康和福祉贡献自己的力量。于是，薛小祥创办了金博特生物，面向“精准医疗”，研发分子诊断和免疫诊断试剂，搭建分子免疫诊断检测平台，以创新提供人人都能享有优质、高效、低价的健康检测服务。

在他的带领下，短短三年时间，金博特生物就在现有的技术领域中做出多项突破，取得试剂和仪器的多项发明专利，在产品关键原材料的研制方面掌握独立的知识产权，在核心试剂如磁微粒抗原抗体的包被、发光抗体的标记和试剂合成等方面具有完善且领先的关键技术，在化学发光免疫分析仪的设计开发方面更是有很多独到创新之处。三年时间，金博特由起初的几个工位稳步发展成为拥有研发、生产、销售的高科技生物公司，并在不断创新中砥砺前行。

勤奋的少年

“我来自农村家庭，家里兄妹四个，我岁数最小。父母要养家，也管不过来这么多孩子，对我们基本上就是放养。”薛小祥说，“所以在对我的成长的指导方面，我的父母能做的比较少。但是我的父母特别勤奋，非常的吃苦耐劳。有时候也带着我们做农活，小的时候经常干农活，犁过地、打过麦。”正是因为体验过艰辛的生活，薛小祥养成了踏实、勤奋、吃苦耐劳的优良品质。

多年以后，回忆农村生活对自己的影响，他觉得有两点：一是容易满足，二是勤奋努力，吃得了苦。参加工作之后，他就住员工宿舍，不管酷暑寒冬，每天五点半起床，六点钟准时出门，准时赶到单位，从不迟到，勤奋踏实，吃苦耐劳。

当然，作为家里最小的孩子，也有特殊的“待遇”，那就是父母并不太指望他干太多活，所以让他有了安心上学读书的机会，这对他而言，无疑是开了一个“小灶”。

薛小祥非常爱学习，在学习上特别勤奋和努力，考取了县里面的最高学府县一中，之后又以优异的成绩考上了大学，学习计算机专业。

在薛小祥看来，自己的童年是在一个小圈子中度过的，出生在农村，活动区域在五里地以内，最远到县城。但是，因为自己的勤奋和努力，通过上大学，人生边界大幅扩展。他不仅接触到先进的知识和技术，并且经过自己的努力，在毕业后还如愿找到了一份不错的工作。

那是2005年，薛小祥觉得自己的人生“踏入高速路”了。

“折腾”亦历练

2005年，薛小祥进入了国家级研究中心，清华大学的校企——博奥生物公司，在行业内具有很高的知名度，研究方向非常前沿，在项目中经常可以与院士、国内外专家交流。薛小祥觉得这就是自己的理想空间。

在博奥生物公司，薛小祥系统学习了生物医药方面的知识，他非常喜欢博奥生物的图书馆，各类书籍应有尽有。公司每年还会订阅生物医药领域的世界顶级杂志，让他有机会接触和积累许多前沿知识。正是在公司浓厚的学习氛围感染下，2006年，他报考了在职硕士，利于业余时间到北京航空航天大学攻读硕士学位。也是在持续不断的学习中，逐渐实现了计算机知识与生物医药知识的融会。在专业知识学习进步之外，随着时间的推移和工作能力的积累，薛小祥在管理能力方面也获得了很大的提升。

本来以为可以在博奥生物“干一辈子”的薛小祥，在工作了7年之后还是决定离开。原因并不复杂，那就是世界这么大，也许我应该跳出体制，出去多走走多看看。于是他选择跳槽，进入天津一家公司。这是一份全新的工作，对薛小祥而言，也完成了身份的“蜕变”。自此之后，他成为“职业经理人”。

在这期间，挑战甚多，但对于薛小祥来说，收获也是不小：他为公司建立起全新的研发平台，整顿人员，捋顺培训、技术、资料等，公司的研发、生产、质量和采购都由他负责或协助管理。三年来，个人能力得到了公司的高度认可。

看起来，这将是薛小祥的“黄金时代”，作为“职场精英”，拿着丰厚的收入，做着得心应手的工作，似乎也就让人心满意足了。但是，薛小祥又有了新的目标，他想更深层次施展自己的才智，期待自己能够在生物医药领域有所贡献，能够做自己认为的有意义有价值的事情。

在2012年，薛小祥和三位朋友共同组建了一家公司，成员通过兼职的形式进行创业。虽然“轻资产运营”的风险看上去不高，学机械、电子、软件和生物专业的四人团队搭配也算和谐，但是现实却异常残酷。因为资金紧缺、兼职创业精力不足等问题，成员常常疲惫不堪，公司发展缓慢。因此，薛小祥得出一个结论：“做一件事，认准方向，意志坚定，全力以赴。”

破釜沉舟再启程

2015年，李克强总理亲临中关村创业大街，在全国“双创周”上为创业者“站台”，使得2015年异常热闹，也成为“中国创业元年”。薛小祥也感受到了这种令人躁动又充满力量的气息，他说自己经过中关村创业大街的时候，有一种深刻的感觉：“新的时代到来了。”

也是在那一年，一系列鼓励创业的政策出台，中国吹响了建设众创空间、推动“双创”发展的集结号。推行“三证合一”登记制度，实现“一照一码”，放松经营范围登记管制，使得创业成为一件相对“简单的事情”。创业的门槛逐渐降低。也在那一年，薛小祥抛下所有犹豫，开启了全身心投入的创业之路。

薛小祥看准了“精准医疗”，着力结合自己的知识经验优势，在体外诊断方面研发创新产品和服务，包括分子诊断和免疫诊断试剂，以及分子免疫诊断检测平台。这是一个非常有意义的项目，因为它是提升生命质量的创新活动。

分子诊断、免疫诊断能通过不同层次、不同维度的多个指标为医生的临床决策提供“精确”支持和依据，对疾病的预防、预测、诊断、治疗和预后具有重要意义。这也是非常具有市场潜力和经济价值的事情，据美国咨询公司 MarketsandMarkets 预测，仅分子诊断来看，全球分子诊断市场的规模有望从 2015 年的近 60 亿美元增长到 2020 年的 93 亿美元，复合年均增长率达到 9.3%。同时，这也是有较高技术门槛的行业领域，薛小祥多年来在生物医药行业的浸润，为他开展体外诊断领域的创新创业项目奠定了坚实的基础。

然而，创业是不容易的，尤其是开始的几年。让薛小祥欣慰的是，对于创业这件事，家人给予了他特别大的支持。同时，国家为创业者所营造的良好创业环境和氛围，也让他心存感激。“我们很幸运地找到中国最好的创业园——海淀留创园，在这里注册公司。”当时，进驻园区首先要参与答辩，然后进行入园路演。他所从事的生物行业起点高，专业性强，大部分投资人听不懂，看不准，不明白他们的商业模式，路演时的得分并不是很高，但园区还是留下了他们。海淀留创园认为，他们不缺技术能力，只要在市场推广上补上短板就会有很好的未来。

市场推广也是很难做的，体外诊断市场的高端市场早已被国外大企业所垄断，国内企业则以低价策略在低端市场开展恶性竞争。经历一次次碰壁，终于在现金流快要断掉的时候得到了一家大企业的青睐，对方对金博特的理念以及技术积累特别感兴趣，双方在深度交流的基础上达成了合作。“我特别感谢他们对金博特的认可，这个合作对初创企业来说，意义重大，事关生死。”

团队建设也难做。对经营一家企业而言，人才是重中之重。“企业最优的人才招聘期是每年的三月到四月，我们没有经验，第一次招聘是在六七月份才进行，错过了最佳时机。”薛小祥坦承，因为经验不足，开出的薪水也较低，导致招聘的结果差强人意。等到第二次招聘，已经有经验的薛小祥把握住最佳时机，同时拿出还不错的薪资来吸引人才，十多名技术人员到岗后，加足马力向前冲。

金博特生物目前已经经历了三个年头，这三年是不平凡的三年，这三年是金博特生物高速发展的三年，金博特生物取得了不错的成绩：

2016 年，金博特生物获得中关村高新技术企业；

2017 年，公司自主研发成功高通量全自动化学发光免疫分析仪，并获得国家多项发明专利，完全拥有多项自主；

2017 年，公司获得海淀留创园创业明星奖；

2018 年，公司获得国家科技部中小微企业认证；

2018年，在拥有北京研发中心的同时，新开辟金博特南京销售公司、新乡生产基地，拥有上千平方米十万级超净间和仪器组装车间；

2018年，获得国家高新技术企业；

2018年，成功登陆北京股权交易中心（企业代码：ZS4270）。

金博特公司期望在生物医药领域，能够成为以技术驱动的领军企业。

这也是薛小祥出发的动力所在。从有一个想法到实现它，三年仅仅是出发的第一步，未来还有漫长的时间等待将“梦想照进现实”。当然，对于初创企业来说，起步的这三年至关重要——要不活下去继续前行，要不然就成为失败者。所以，万事开头难。

无限可能

中国的创业热潮催生出一个公平的新秩序，不看出身和背景，给这个时代的创业者最大的公平。所谓的“创业神话”也不是遥不可及，在草根创业者、创业团队、天使投资人和服务投资机构汇聚的中关村，每天都可能缔造神奇——从这个角度来说，创业者面对的机会远远胜过困难，关键是看自己如何把握它。

“我们是‘草根创业’，还在‘死亡谷’的边缘地带。”尽管新产品已经进入市场推广阶段，金博特公司也已经逐步走上正轨，但薛小祥对于现状有着清醒的认识，只有迈过这道槛，才能真正迎来金博特的春天。

在薛小祥看来，高端医疗装备才是整个中国医疗器械行业的领军领域，只有做好仪器，中国的医疗器械水平才能追赶发达国家——生物医疗技术是核心，高端医疗装备是核心的核心。金博特未来的发展方向，就是不仅将仪器产品设计制作出来，还要将用户的基本信息、疫情的监测和监控及时通过大数据进行综合分析上报。

对于初创公司来说，最大的优势就是年轻——“因为年轻，就有无限可能。”所谓船小好调头，如果说行业内的大公司是航空母舰，那么金博特就是快艇。但是，年轻的公司也有不少问题，最重要的问题就是因为年轻，外界对金博特的了解也就有限，公司的技术积累和底蕴就很难充分展现出来。对企业发展来说，缺少资本的推动会导致“减速”。找到合适的融资伙伴，在薛小祥看来也是一个值得深思的问题。

未来的市场广阔，但是市场推广迫在眉睫——这是多数以科研为核心的科技企业面临的相同问题，只有公司实现良性运营，研发投入和产出达到平衡，才是稳步发展的必由之路。下一步，金博特生物力争建设好新乡生产基地，力争建成一个超精尖的平台，快速把这些好的产品向社会推广出去。

看起来困难不少，但薛小祥对未来还是信心满满。在他看来，如果一个人在某个行业坚持十年以上，同时对新技术充满兴趣，那么距离成功也就不会太遥远——这就是薛小祥的故事。像其他的创业者一样，他们怀揣着对未来的期望和梦想启程，在创业之路上风雨兼程。前方是未知的旅程，有鲜花也有暗流，有光明更有无边的暗夜——支撑他们走下去的可能就是一个信念：在某一个领域精耕细作，积累着技术的同时也积累希望。

薛小祥认为，不光着眼于现状，还要对未来布局，要具备全球化的视野："中国的医疗器械很好，不能光服务中国老百姓，也可以在全球应用，像非洲、西亚、南亚这些地方病毒肆意横行，对产品的需求就很大——我们有信心把中国的产品推向世界！"

王相伟：和机器人共舞

王相伟，三年前来到海淀创业园，乘着中国“双创”的东风，在机器人这个崭新的领域深耕，持续创新发展。2017 年 4 月 21 日，李克强总理在山东大学考察调研期间，重点观看了王相伟团队机器人机械臂项目，并了解其核心部件的研发进度。王相伟一夜之间成为“网红”创业者。如今，这个不善言谈的山东男孩，正在机器人领域长袖善舞，其所创办的企业形成了以自主核心技术、核心零部件、领先产品及行业系统解决方案为一体的完整全产业价值链，企业的发展走向正轨。

成长记

从王相伟自身来看，兴趣是最好的老师，钻研知识的同时愿意动手实践，自然就会有很强的学习能力；另外，就是他的父母为他营造的民主型家庭氛围，不强迫他做自己不喜欢的事情。同时也让他受到一些熏陶，为以后的独立创业奠定了基础。

就这样，王相伟慢慢养成了独立思考和善于实践的习惯，不仅具有创新思维，还有强大的行动力——这些特质，都成为他未来创业的助力。

师兄们做机器人编程，控制机器人唱歌、跳舞、翻跟斗，他觉得非常有意思，而且很酷。就这样王相伟钻研机器人的热度和激情在大学校园埋下了种子。

在大学期间，王相伟经常泡在图书馆，学习电子、机器人领域的专业知识，了解机器人核心知识，期望有一天，将学到的知识和机器人实际应用结合起来，尝试解决实际问题。

“北漂”创业者

2012 年，王相伟踏出校门迈向社会，决心到北京发展——那时，他已经决心在机器人领域大展身手，他看到了技术发展趋势以及在这个产业的未来。对于自己的职业发展，他也有着清晰的规划：先在工作中积累经验值，然后再去实现自己的创业梦想。就这样，他进入博创工作，从事机器人底层驱动及控制研发。王相伟在这份工作中，不仅锻炼了自己的技术能力，积累了机器人领域的工作经验，还结识了一些志同道合的伙伴，为以后创业做好了技术、经验及人脉方面的准备。

经过几年打磨之后，王相伟认为自己的心智也逐渐成熟，加上国家对创业的各种“红利”让他感觉是时候去创业了。2015 年，他加入到全民创业的大潮中，成立了北京芯合科技有限公司，出任法人和CEO。

公司取名“芯合”，一是“心合”的谐音，期望能够齐心合力，打造命运共同体；二是两个字颠倒一下，就成为“核心”，意思也很明白：核心技术，核心竞争力。王相伟希望将芯合科技打造成为一家以自主研发机器人智能控制技术为核心，致力于让自动化变成智能自动化，低门槛实现工业4.0的高科技企业。

创业初期，王相伟也遇到了很大的困难。首先是来自家人的反对和不理解，家人认为工作稳定了，不应该冒风险去创业。然而王相伟非常坚定，他说：“活着就是为了创造价值，要在社会中找到自己的位置。”他笃定机器人是未来的产业方向，智能化是大的产业趋势，自己的创业项目是非常有价值和有意义的。他将自己的创业计划详细地与家人进行了说明，家人也逐渐理解了王相伟的创业规划。

场地和资金是每个创业者面临的问题。回想起创业初期的故事，王相伟依然记忆犹新：“我们最早是在肯德基写代码，后来发现那里太吵，就转移到自己的公寓。”

这不是长久之计，于是他带头找到了海淀留创园。而要成为园区的孵化企业，必须要进行项目评审，但因为准备不充分而没有获得通过，被园区创业氛围吸引的王相伟不舍得离开，于是在园区的创业者使用完毕公用会议室后，继续在会议室做实验，一直到晚上十一点。这一幕恰巧被海淀留创园主任赵新良看到了，王相伟的这种执着的劲头让赵新良深受触动，在问询了相关情况后，破例给王相伟安排了创业场地，并且每次有考察团参观，赵新良都不忘带人去参观王相伟的项目。后来，王相伟拿到了西科天使、北京创客共赢中心 500 万元的天使轮投资。在赵新良看来，王相伟这样的创业者就是中关村的“星星之火”。

场地和资金解决了，王相伟和他的团队开始快马加鞭，他说：“我们每一天都很充实，经常工作到晚上 11 - 12 点。有一次我们几个人半夜 12 点从办公室出来，走了几百米突然想到一个问题，然后就蹲在大厦门口灯光下讨论起来，完全忘记了时间。”

迎难而上

机器人工作起来有人类不具备的优势：机器人不休息、不怕毒、不生病、不吃药、不知冷热……机器人的工作效率极高，是人类的数倍，可以 24 小时不间断工作，不懂拒绝，完全听从指挥，这是人类所不能达到的。全世界诸多科技公司正在为高智能机器人的研发倾注心力。

那么，机器人发展的最高水准是什么？就是让机器人能为人类做更好的服务，像人类甚至超越人类。芯合科技研发的机器人方向主要是工业机器人。其中最核心的产品就是芯合科技的控制器。这是让机器人实现智能化发展的重要支撑。

然而，产品研发的困难性是外行人难以想象的。人做一个动作非常简单，如果让机器人来做就不那么容易了。在这个过程中，机器人一边看、一边思考、一边行动、辨别方向和路径，实时计算，实时付诸行动，才能完成我们人类看似简单的动作。这仅仅是一个动作，完成烦琐事情的过程的复杂性更是无法想象。

这也是芯合科技团队要去攻克的难关。作为工业 4.0 的践行者与推动者，芯合科技开发出的 XM 系列驱控一体化工业机器人具有先进轨迹控制算法的智能系统，配备高性能多核 ARM 处理器、混合传感技术，实现重复定位精度 0.01 毫米，结构紧凑、动作灵活、工作空间大、智能反馈和高安全性，普遍应用于各行业弧焊、点焊、装配还有喷涂等作业场合，是智能工业机器人的最佳选择。“现在国内通用的机器人并不能完全满足许多工业应用场景，而我们的产品恰恰就解决了这个技术难题。”王相伟底气十足地说。

付出就有回报，王相伟的创业之路也初见曙光。

和总理“握手”

总有一些惊喜会从天而降，对王相伟这样的“草根创业者”而言，也是如此。

2017 年 4 月 21 日，李克强总理考察了芯合科技，对机械臂核心部件的情况进行了询问并与他握手交谈，鼓励他在创业路上攻克难关。

王相伟对总理看着自己的眼神印象深刻——那是一种肯定又寄托着希望的眼神，让他感受到了强烈的民族责任感。他说：“今后还要继续努力，坚定信心，走创新创业道路。”

创新无止境

王相伟对公司未来的发展颇有信心：“芯合科技已经掌握了智动

领域的核心技术，很多核心技术都有重大突破，完全可与世界顶尖技术相媲美。像我们团队研发的机械臂的精确及智能程度正逐步接近国际先进水平。”

至于如何将产品推向市场，王相伟则表示，现阶段芯合科技主要以公司自有渠道进行拓展，同时也在跟山东、浙江等地的渠道代理商展开合作。据悉，公司已在建工领域获得上市公司的订单和战略合作，明年产品会陆续进入量产阶段。而作为硬件提供与服务商，芯合科技采取的也是典型的研、产、销模式，目前公司主要以工业机器人本体以及行业应用解决方案为主，努力在业务范围的自动化领域成为国内领军企业。

“踏实不浮躁”是王相伟团队最重要的坚持和操守。他说公司的理念是“有芯人，持之以恒”，也正是在这种创业精神的引领下，芯合科技的多项科技转化成果弥补了传统设备、进口设备的弊端。王相伟相信，基于智能机器人基础核心技术的研发，他们团队定会推动整个机器人应用的快速发展。这个市场还是一片蓝海，对于未来，他们充满信心。一步一步走下去，总会在机器人产业链上刻下“中国制造”的印记。

目前在王相伟的带领下，芯合科技已经进入了全新的阶段，2018 年 5 月装配测试基地建设，一期厂房可以满足现有机器人的产量。2018 年 7 月芯合智能系统问世，并且视觉反馈系统正式应用。2018 年 9 月正式成为建工领域上市公司战略合作伙伴，双方正式开启自动化项目。

未来芯合科技将在大工业领域深耕细作，在家电智能产线改造、房车喷涂焊接、水工机械制造升级、船体制造除锈等领域全面发展。芯合科技坚信自主研发和创新引领是我国智能制造 2025 的关键所在。有科技核心竞争力的国家，才能在国际舞台上立足。同样的，只有掌握了现代工业核心的国家，才能用工业制造惊艳世界。

罗明雄：越努力，越幸运

科学研究、科研管理、机关管理，这是罗明雄在中国科学院的工作履历。在不到28岁的年龄，他便成为最年轻的处室负责人。然而，2006年，金融投资的梦想召唤着罗明雄进入北京产权交易所，开启自己新的职业生涯。之后，科技金融、民间金融、互联网金融以及设立天使投资基金等金融创新工作见证了罗明雄在北交所、软交所的成长。在2013年著写了国内首部《互联网金融》之后，借着互联网金融的热浪，罗明雄也辞去了自己参与创办的北京软件和信息服务交易所副总裁一职，响应“大众创业、万众创新”的号召，投身创业浪潮。

这位刚刚进入不惑之年的创业者，在前行的路上高歌猛进：2014年创办京北投资，从最初五个人在孵化器集中办公区的“小公司”，经过这几年的摸爬滚打，一路迎风成长，如今累计投资了60

多个项目，大部分已经获得下一轮乃至三轮融资，并且已经有7个项目实现了退出；三期天使VC母基金通过24支基金投资了近500家优秀企业，截至2018年12月，已经有4家IPO，还有9家独角兽，200多个项目获得三家以上机构投资；京北旗下的天使实战学院，拥有近300位实战派导师，培训数千人次，成为国内最为领先的股权投资培训平台，并依托大量精彩授课内容以及投资大咖深度访谈，输出大量优质原创内容，打造了投资圈颇有影响力的“天使茶馆”媒体公众号。罗明雄也成为横跨投资界、金融界、学界的知名人士。

铺路搭桥

1978年，罗明雄出生在湖南省郴州市临武县的一个普通家庭。父亲经商，做点小生意，母亲是人民教师，从小对他言传身教、严格要求。

这个从小“调皮”的小孩，学习成绩还不错，品学兼优自然得到老师的喜爱。在初中时，罗明雄获得了化学奥赛全国二等奖的好成绩，被保送到郴州市一中科技班学习。科技班是郴州市全市的重点班，高考成绩名列前茅，班上同学都能考上大学，并且绝大部分都是985名校。罗明雄也将高考目标锁定为“清华大学”。

但是天有不测风云，1996年高考前两个月，罗明雄生病了，几经周折最后高考成绩并不理想——最后被山东大学物理系录取。虽然罗明雄还是湖南省理科第一，志愿报考山大第一名，他也拿到了入学的一等奖学金，但他还是心有不甘。

大学期间，罗明雄已经很明确自己的兴趣，并对未来的职业方向进行了规划。他的兴趣不在于做科研，而是在商业运营方面。因此，罗明雄没有把太多精力放在专业领域的学习上，而是想方设法提升自己的综合能力。积极参与社团活动，先后担任班长、校演讲协会副会长、系学生会主席等职务，同时大量阅读商业方面的书籍。

2000 年，罗明雄大学毕业，他顺利地进入了中科院微电子所工作。“当时有机会进入外企，不过后来想想，如果先去中科院，再去外企工作就比较容易，反之就很难了。”

三年后，一直对从事商业念念不忘的罗明雄顺利考入清华大学经济管理学院——这不仅圆了他的一个梦，也为他未来从事金融领域的创业铺路筑基。

后来，因为工作成绩突出，罗明雄被借调到中科院高技术局做项目主管。新的工作单位，使得罗明雄的视野更加开阔，对项目的判断、对趋势的一些把握、对全局的了解更加透彻。在他 27 岁那年，被任命为中科院微电子所人事教育处常务副处长——这也是当时最年轻的处室负责人。

深入互联网金融

2006 年 10 月，不安于现状的罗明雄离开稳定安逸的工作，进入到北京产权交易所开启自己新的职业生涯。之后，罗明雄开始在科技金融、民间金融、互联网金融以及天使投资基金等方面进行探索与创新。

2013 年，阿里、腾讯、京东等互联网巨头纷纷涉足中国的金融业，互联网金融全面大爆发，而几乎与此同时，传统金融机构也开始进行有针对性的布局，一时之间，市场上互联网金融的战场硝烟四起。罗明雄敏锐地意识到互联网金融的大势已不可阻挡。

就在那一年，罗明雄出版了首部深度剖析互联网金融的著作《互联网金融》，成为互联网金融领域代表性人物之一，被评为“2013 中国互联网金融十大领军人物”。从此，罗明雄在互联网金融的领域持续深耕。

创业启航

他决心起航。

2014 年春节后，罗明雄离开他作为主要参与人创办的北京软件和信息服务交易所，在“大众创业，万众创新”的热潮中，开启了创业之旅。

“我们要的是必然的结果，而不是偶然的成功。”这条创业之路，距离罗明雄所期望的成功还有不小的距离，他说自己的运气不错，在很早就组建了一支优秀的合伙人团队，未来的路，还要风雨同行。

当时，罗明雄的想法是实现自己的构想，成立中国第一家互联网金融资产交易所。信心满满的他却被现实无情当头棒喝——尽管有地方政府的大力支持，但部级联席会的交易所审批流程成为不可逾越的障碍，罗明雄意识到一两年内基本上不可能获批交易所牌照。

这是现实，也是罗明雄面临的窘境。如果按照既有的方向走下去，无疑是遥遥无期，但是如果要调整方向的话，又该走向何处？

如果是一个意志力不够坚强的普通创业者，或许这个突然的打击很可能就浇灭了他创业的万丈雄心。但是罗明雄却迅速地调整了自己的心态，他快速地梳理了自己的资源，调整了公司的发展方向。

2014 年 3 月 18 日，罗明雄成立了京北投资。4 月 23 日，他创立京北金融。

“取名‘京北’是因为自己读书、工作、生活都在海淀，都在北京北边，名字简单、大气、好记，并不是要让京东找不到北哦。当然‘来北京，到京北，京北欢迎你！’也会让你留下更深刻的印象。”罗明雄笑道。

黑马狂奔

出师不利，那就从基础做起——罗明雄开始把目光聚焦在搞活动、做研究及投资领域。而这些，恰恰都是他擅长的工作领域。

创业伊始，一是找到“钱”，二是找到“人”。这是最难的事情，罗明雄就把自己所认识的 6000 多人，分类罗列，筛选出能够出资 100 万以上的人，每周一场或两场地给他们讲自己的项目，最终成功地募集到 4700 万元的第一支基金。

至于找到“合伙人”，则是更不容易。在罗明雄看来，合伙人就是在战争年代能够把后背交给彼此的兄弟，是要一起战斗到最后一滴血的人，是不能走也不会走的人。能把后背交给对方，意味着合伙人之间首先是足够的信任，以及每位合伙人都拥有超强的作战能力，能够独当一面。只要背后的兄弟没有倒下，你就不需要回头——合伙人之间需要的就是这份忠诚与信任。

罗明雄、桂曙光、全忠伟、于进勇，京北四位最主要的合伙人，也是最早组建的团队，他们彼此熟悉、信任、互补。他们是同学，是同事，来到京北之前，三位合伙人均有着多年科技、互联网等领域的研究、投资及企业管理经验，有着耀眼的光环，但是因为信任罗明雄，选择京北，一路披荆斩棘，与京北共同成长。

有了投资和团队，目标又明确，那么在执行层面就要看团队的战斗力了。于是，紧锣密鼓的活动开始了。

首先，京北金融联合多家品牌媒体，举办了覆盖全国、影响广泛而深远的“互联网中国行”活动；随后，京北金融陆续铺开了京北私董会、京北学堂、U 投路演、创业 5X、京北大学等系列品牌活动。高频次、高质量的线下活动，助力京北金融品牌提升的同时，也为京北金融旗下的京北投资提供了源源不断的优质互联网金融项目。

其次，“京北天使基金”在 2015 年开启了京北投资的专业投资之旅。很快，依靠京北投资的骄人业绩及团队的专业度，京北投资近几年在获得诸多荣誉的同时，也获得了多家重量级机构的青睐。京北投资联合北京市海淀区政府投资平台中海投（公司全称：北京中海投资管理有限公司）发起设立了“中北梦基金”，聚焦高科技领域投资。因为业绩优秀，海淀区国资委批复中海投继续作为基石 LP 参与中北梦二期；同时，京北投资联合中关村创业大街等发起了“北京中关村创业大街投资管理有限公司”，用创投来助力双创；国内互联网教育高地——中关村互联网金融创新服务中心联合京北投资发起“京育基金”，聚焦互联网教育方面的投资。

金融、科技、教育，京北投资依托自身的专业及口碑，在获得业界及合作伙伴的认可情况下，一步一个脚印地走出了一条特色早期股权投资之路。

就在京北金融和京北投资一路攻城拔寨、高歌猛进的同时，一些优秀的项目开始主动找来，他们开始认识到，京北团队的专业性，能够帮助他们的企业，在业务、战略上进行调整和优化。而罗明雄也越发清晰地认识到，京北在全国的布局、立体化多层次的业务模式，也正好能够匹配这些公司，这种投后的增值服务能力，恰恰是京北系的核心竞争力。

2015 年 1 月，“天使茶馆”应运而生。这是一家致力于打造遍布中国的天使投资人服务网络的“茶馆”，不光品茗，还提供六大特色服务：第一，为天使投资人提供行业研讨和学习环境；第二，为天使投资人提供优质项目源；第三，为天使投资人提供高端、私密的会谈场所；第四，为天使投资人提供实战培训；第五，设置跟投及联合投资等灵活的投资模式；第六，帮助创业公司成长，提供创业孵化服务。

在罗明雄的规划中，天使茶馆是快速成长的京北体系一个非常重要的支撑，通过“天使茶馆”旗下“天使实战学院”品牌，形成“教你投”的天使投资环境，京北将逐渐构筑互联网金融投融资生态圈非常重要的一环。

在市场的推动下，“天使实战学院”已经在北京、深圳、上海等地陆续开班，同时，长春、天津、大连、西安、呼和浩特、广州、南京、成都、长沙、重庆等地已经陆续开设天使茶馆分馆，业已成为天使投资培训及天使投资垂直媒体的领军者。

在罗明雄看来，事业取得成功的关键在于“正确的人在正确的时间，用正确的方法去做正确的事情”，就是在这样的“方法论”指导下，京北的业务线已经形成了立体化多层面的布局。京北旗下的京北投资、天使茶馆、京北财富等多家企业分别聚焦企业投资、投资人培养、股权财富管理，并且互为犄角，形成了京北投融资生态圈，践行着京北“让投资更简单”的企业使命。

中国新一代早期投资人的“黄埔军校”正在茁壮成长，在时代浪潮的推动下，一路高歌猛进。

生态链条

这是一个梦想成真的时代，但是在成功背后，需要勤奋者超出常人的付出——唯有耕耘，方能收获春华秋实。

罗明雄就在这个时代中，用自己的聪明才智和汗水一路向前。创业不是一件简单的事情，要有一个良好的心态方能“遇山开山，遇水架桥”。

“脚踩西瓜皮，滑到哪里哪里好”“当一天和尚撞好一天钟”，这是罗明雄的座右铭，看上去似乎有些随遇而安的淡然，但实际上，他认为要保持这种乐观、积极的心态，才能在浪涛面前安然度过。

探索的步伐永不止息，对罗明雄来说，更是如此。

依托京北投资的专业投资能力及京北聚拢的投资圈资源，京北财富根据自身资源，优选市场优秀天使 VC 基金，发起设立了京北天使 VC 母基金。目前京北已经完成三期母基金，并投资了 24 家基金，覆盖了近 500 个优质项目。

京北母基金为什么能够快速脱颖而出，是因为罗明雄带领的团队有其天然的优势。

首先，从投资回报来看，要想为母基金 LP 赢得丰厚回报，母基金管理团队就必须拥有非常优秀的投资能力及筛选甄别优秀基金的能力。京北本身就是依靠投资业务起家，以罗明雄为代表的几位合伙人本身拥有着丰富的基金管理经验，并且京北系的天使实战学院本身就链接了国内 200 多家一线的中早期投资机构。因此，不管是从业内投资资源还是机构甄别能力，京北团队都属国内一流，更重要的是，京北母基金除了完善的尽调、翔实的数据对比外，以罗明雄为核心的合伙人团队与子基金第一负责人必不可少的半天以上时间的深度访谈，也是京北母基金分析其投资逻辑的最为重要的方式。

其次，从京北生态来看，京北 LP 们还可以线上线下每周向各知名机构合伙人学习天使 VC 的投资，并定期参与一些京北的福利投资机会及学习交流机会；更重要的是，京北为被投基金的 GP 们提供了除资金之外的大量的项目源、PR 宣传、投后管理、项目退出等一条龙的服务。

因此，京北母基金的专业及资源给 LP 们提供了丰厚收益的保障，并整合了整个股权投资圈资源，促进 GP、LP 们自身事业的发展。

京北布局的投融资生态圈也初见端倪：旗下拥有京北投资、天使茶馆、京北财富和京北孵化器等多家公司，并管理着两支金融基金、两支科技基金、一支教育基金及三期天使 VC 母基金。依托京北体系强大的线下资源聚合能力及新近推出的“VC 助手”，京北搭建的一站式投融资服务平台正逐渐成为行业翘楚，践行着“京北—让投资更简单”的梦想。

2017 年开发的“VC 助手”目前已经在京北内部的基金团队全面应用，并已经与某省政府引导基金签署协议，将在其体系内全面推广。这是一款提升风险投资从业者投资效率的工具型应用，PC 端拥有项目管理功能，实现投资流程化管理。效率的提升仅仅是 VC 助手的第一步，金融的本质在于对于信息的判断，而作为一级市场的天使投资，信息的不对称性尤为突出，“VC 助手”下一步准备要做的就是构建一个一级市场的创投数据库，真正从数据与智能化的角度让投资更简单。

罗明雄投入相当的人力做扎实的研究工作，京北投资团队都能做到“站起来能说，坐下来能写”。聚焦以及专业，这令京北投资在投项目时有了快刀斩乱麻的果敢与底气。

回头来看，罗明雄从一个小小的起点开始，将“京北”全方位布局，依托于对金融投资趋势的把握、基于专业研究严密的逻辑与清晰的思考，每个业务板块都独当一面，但又相互支撑，互为资源和动力。

这是他最初启程时候的梦想，也是经过这些年的打拼而逐渐清晰的奋斗之路。机会总是垂青于勤奋者，对罗明雄而言也是如此。尽管未来创业之路上，机会和挑战并存，但他觉得“没有人能随随便便成功，越厉害的人越是勤奋”。因为身边有太多优秀的人，这是幸运，也是激励前行的动力。

“生活不会辜负每一个努力的人，创业也是。”罗明雄对此深信不疑。

孟令伟：追光者

性格偏内向的孟令伟，从小就是个踏实上进的乖孩子，一路走来看起来中规中矩。上大学，进国企，一工作就是14年，也许就这样待下去，生活事业都很稳定。然而，似乎处处求稳的孟令伟创业了。

《圣经》上写道："神说，要有光，就有了光。神看光是好的，就把光暗分开了。"因为有了光，一切才变得明亮，自然界绚丽多彩，世界才充满了勃勃生机。光给我们以智慧，光给我们以想象，光给我们以热情，光也成为万物之源。自有人类历史以来，多少人都成为光的追随者，毕其一生探寻人生的真谛。

孟令伟就在其中，他是新时代的"追光者"。他的创业项目和光密切相关，依托可见光及电力线的通信技术，实现室内导览系统、室内定位系统、电力线监控系统、安防系统、通信系统等的整体解决方案。如今，他作为合伙人创办的北京全电智领科技有限公司正在大踏步往前迈进，受到多家互联网巨头的关注，2017 年底获得第一轮融资，公司估值为 8000 万元。

逐梦少年

1978 年，孟令伟出生在北京。他算是中国第一代的“独生子女”，所以从小就备受呵护。他无忧无虑地在皇城根长大，享受了美好的年少时光。

“我在上中学以前还是很内向的，上台讲话或是回答老师提问都特别紧张。”孟令伟说，性格虽然内向，但是学习成绩却非常出色，从小就是一个让老师喜欢、父母省心“乖宝宝”。但是，创业之后的孟令伟却展现出完全不同的风格，直到后来他读到安德斯·艾利克森写的《刻意练习》才找到答案：“个人的成长是需要天赋的，但是成功并不一定决定于天赋。所以刻意的练习是非常重要的，你一定要有一个自己的目标，你要成为什么样的人。”

这一点，在孟令伟读高中的时候就已经初见端倪。那时候，计算机还不像现在这样普及，学校的计算机房也是一个神秘的地方。电脑是 486，操作系统是 DOS，Windows 95 还没普及，只能通过 BASIC 语言来编程。但是，用过几次计算机之后，孟令伟就被深深迷住了，在他看来，仿佛是开启了新世界的大门：“以后一定要从事计算机相关的工作，这个想法从那时开始就根深蒂固。”

于是，1996 年孟令伟考入北京联合大学机械学院应用电子专业，开始了他的“追梦之旅”。

从大学一年级开始，每年暑假，孟令伟都会到联想电脑城实习——内容也不复杂，为中关村的学校介绍联想计算机技术，并在商城展示计算机的最新功能。喜欢计算机的他，毫不费力就记住了联想各种型号的电脑、打印机、数码相机等产品。

“那时候很少见到数码相机，我第一次接触就是在社会实践当中。联想还没有自己的百万像素级的产品，代理的是奥林巴斯的数码相机。我给人们去介绍为什么数码相机要比胶卷相机方便，拍完照后连接电脑，照片就出来了。我很有成就感，就跟数码相机是我生产的似的。”这样的实习经历既让孟令伟加深了对计算机的了解，又打开了他内向的性格，不断提升他的表达能力。联想公司也对孟令伟的实习表现很满意，在他大四下学期的时候，还打电话邀请他去总部实习，但是孟令伟一贯的好学生习惯让他不想逃课去工作，放弃了联想总部的实习机会。

2000 年，本科毕业后的孟令伟决心踏入职场，进入国家电网有限公司全资北京下属公司工作，担任工程师。

“我第一次参加全国电力工程会议的时候，站在讲台上给全国的电力领导介绍我们的技术和产品，我紧张地拿着话筒，不知不觉越举越高，最后快举到鼻子上了，主持人两次上台帮我把话筒放下来。”回首往事，孟令伟还历历在目，但正是在国家电网的锻炼，让他受益匪浅。

刚进入职场的孟令伟，就展示出年轻人的创新热情，除了完成本职工作以外，他还善于发现工作中的问题并积极行动起来予以解决。他的第一个工作岗位是网络建设工程师，工作几天后他发现整个公司只有一台电脑可以上网，每个人要用电脑上网和国外客户联系只能先登记，再去用那台电脑上网，用完后必须立即下线，工作效率特别低。孟令伟就自己琢磨，翻阅网络教材书籍，花费几个月的时间成功让公司所有电脑都可以连接网络，随后做成了一个真正的网络化的办公系统，让公司领导既意外又惊喜。

于是，踏入社会工作的孟令伟开始崭露头角。

梦想起航

14 年，对个人的一生而言不长，但是对一份工作来说，却是不短的时间。就这样，自 2000 年入职电力系统后，孟令伟这份工作一干就 14 年。

对孟令伟来说，他的很多工作都是从零开始建设的，属于开创性工作。例如，前期他主要负责大型太阳能并网电站信息化建设，主要为太阳能供电系统、中国移动及中国联通提供基站电源，后期开始智能电网建设，主要负责输电线路在线监测。当时国家电网是大电网结构，所有的电网都由一个地方产电，通过高压线输送到另外一个地方去用电，高压线路的距离非常长，加上南北气候差异大，对输电线路的安全运行造成威胁，因此公司提出来是否在偏远山区可以不靠人去巡线，而靠各种传感器来实现。孟令伟团队就设计了一套基于长距离输电线路，建在杆塔之上的视频多媒体的监视系统，可以通过传感器和摄像机实现监测，这套系统现在已经广泛应用在输电线路监测上了。

2008 年，孟令伟参与编制了国家电网公司输电线路在线监测野外供电标准，当时 30 岁的孟令伟的技术水准已经达到了业内标杆的高度。后来，他又负责公司的网络事业部，除了带领团队的技术提升以外，还善于激励不同工程师的潜能，发挥个人特长，打造出色团队。

在这期间，为了提升管理技能，孟令伟还在清华大学攻读了工商管理硕士。

就这样，日复一日，年复一年，孟令伟凭借自身过硬的技术水平和管理能力，过着世人公认的“幸福生活”。但是，没有任何背景的他明白，继续留在公司，可以一辈子无忧生活，但也很难企及更高的职位，发挥更大的个人价值。

“我很崇拜乔布斯，可以研发苹果手机这样改变时代的产品，我希望可以研发一款影响更多人的产品。”醉心于技术的孟令伟，内心一直希望自己的技术可以被更多人直接使用，对人们的生活产生深刻影响，也许这也是每个技术人的梦想吧。孟令伟明白在电力系统内部很难实现自己的梦想，只有彻底释放自己，才能让自己的技术被更多人使用。

于是，2012 年孟令伟和几个志同道合的工程师注册成立了全电智领公司，希望可以做出自己喜欢的产品。

“当时有一个机会摆在面前，我们创始人团队掌握了基于可见光通信的核心的编码技术，也由此确认了技术和产品的发展方向。在开会的时候，我们就谈到，如果想把这件事情做成，就要全力以赴，不能骑驴找马。如果我还拿着国家电网稳定的工资，利用业余时间搞研发，进度一定会很慢，甚至无法成功。”2014 年，下定决心创业的孟令伟离开安逸的电力公司，全身心投入全电智领的经营和发展中。

这对他而言，将是一条充满未知的挑战之路。

“只有创业者知道创业的苦。”回顾这几年的创业经历，孟令伟说，其实创业的过程并不是一个神话，而是一场苦战，他和另一位合伙人曾经度过了两年没有工资只有投入的生活，“那种没有可参照经验造成的迷茫，没有收入给下属发工资的现实困难，会一次次拷问你心里当初的选择，必须有强大的定力才可能坚持下来。”

是的，“有志者事竟成”——对这句话，孟令伟深信不疑。

追光的人

成立伊始，全电智领公司就将“可见光通信技术”作为攻坚的课题——这项技术是利用LED光源发出的光作为介质进行数据传输的空间无线通信技术。作为一种全新的无线通信技术，它和无线电通信技术的本质区别在于通信介质的变化，不再使用无线电波承载数据，而是使用光波作为数据载体进行空间传输。由于可见光波段的物理特性，决定了其在空间进行传输具有无线电波无法比拟的资源丰富、高速传输、健康无辐射、无干扰、通信安全等优势。

“这是一个物理技术的创新，不像开发一个APP，只需要五到八个月就可以上线，而需要在算法层面不断打磨和优化，没有十几个月时间的投入很难打造出来。”所以，孟令伟团队大概花了两年多的时间去研发和优化了可见光通信技术的核心算法。

这两年，真是充满苦涩，没有工资只有投入，“创业初期遇到的最大瓶颈，就是要解决生存问题，要先活下来。”工程师出身的创业团队一直坚持技术产品的信仰，掌握了可见光通信技术的核心算法后，他们写了自认为很漂亮的商业计划书去谈融资，但拜访了一圈投资人后无功而返——投资人对他们的方向非常感兴趣，但是没有人愿意投资，因为他们描述可见光通信芯片虽然有很好的应用前景，但是没有得到市场的验证。

孟令伟团队从投资人身上明白了终端用户——市场对产品的接受度是检验技术产品的唯一现实依据。因此，他们转变了产品形态，从芯片转向了具体场景的应用产品，最终选择室内定位的产品设计。

当前任何互联网服务都离不开位置，例如交通、送餐、购物等服务都基于地图工具的位置服务，但当前所有的位置服务都基于GPS卫星，不适用于复杂的室内场景定位。而现在室内场景越来越复杂，例如大型购物商场、机场、地下停车场等，人们在这些地方有位置服务的需求，位置缺失感是人们遇到的最大问题，可能目标位置离人很近，但是方向错了，很难顺利找到。人们对于导航的应用习惯已经养成，只是无法延伸到室内。孟令伟团队基于可见光通信技术，将户外的GPS位置服务平滑地延伸到复杂的室内场地——这也是中国首次出现的室内位置服务产品。

通过头脑风暴，全电智领公司确定了室内位置服务的场景选择为商场超市和地下交通枢纽——“因为这两个领域的位置服务特别容易变现”。通过室内位置服务，可以实现精准的商业信息推送，为商家提供引流服务，这是市场运营商愿意埋单的服务。例如，消费者在地铁上看到一张电影海报，他可能正想看电影，就会用手机刷一下海报灯光看推送的预告片，全电智领可以推荐他位置附近的电影院，如果提供某一个运营商 APP 的优惠服务，消费者就可以实现冲动消费，这就是一个非常直接的变现和引流，运营商有购买这项服务的意愿。围绕室内定位，全电智领已经在商场超市和交通枢纽打造了应用产品，成功获得了一些商业订单。

“可见光有非常明确的边界效应和方向性，由于其波长不具备穿透性，若用头顶的灯光进行网络覆盖，完全不必担心隔壁窃听用户的私人信息，或者通过网络攻击盗窃用户的资源。”孟令伟介绍说，可见光通信系统可以适用于对无线电敏感的区域，这些区域如果用光对智能设备提供连接，可以避免很多由于无线电干扰造成的误码。

后来，全电智领开辟了一条新的产品线，除了为移动终端提供位置服务以外，还基于当前一些线上转线下的新零售商家对智能化的需求——需要了解所有货架上商品被移动的情况，提供未固定物品的位置服务，即智能货架的解决方案，已经有京东、华润、沃尔玛等客户对接智能货柜系统项目。

2017 年底，全电智领获得第一轮融资，公司估值为 8000 万元——这笔钱对孟令伟而来，无疑至关重要。“在企业生存阶段，在翅膀还没有长硬、产品尚不完善的时候，政府可以借助各种平台资源为像我们这样的初创企业提供商业对接的机会，帮助我们生存下去，而社会资本的介入可以让我们快速放大，这都是很关键的因素。”这是有感而发，全电智领公司作为中关村重点孵化企业入驻中关村核心区孵化平台“中关村梦想实验室”，政府经常会引荐企业来全电智领参观和对接，为全电智领带来了一些项目订单，帮助全电智领渡过创业初始的艰难时光。

2018 年 5 月 5 日，海淀美术馆（北馆）如期落成，全电智领公司将可见光通信定位技术与艺术相结合，利用可见光的特点实现更多的交互式观览功能，在实体参观空间之外拓展出虚拟参观空间，让参观者可以通过智能手机观看与展示品相关的更多的文化内容信息；同时，通过可见光通信定位系统的平台，可以实时监测馆内客流量、观览时间、查阅浏览相关历史数据，以便美术馆更加科学合理布展和管理，提升公共文化服务效能。

5 月 10 日，在 2018（北京·海淀）比利时布鲁塞尔国际葡萄酒大奖赛上，全电智领公司的“可见光智能红酒架”为赛事晚宴用酒提供展示服务：用餐期间，评委及嘉宾可自行拿取货架上的红酒产品，通过酒架的上方屏幕获悉酒品信息，高效地减少了人工讲解的工作，让传统酒架变得更智能。

其实，在这之前，全电智领的“可见光通信智能货架”已在“第 15 届中国国际自助服务产品及自动售货系统展”上登台亮相。利用先进的光波通信定位技术，可以实现对密集货品集中摆放的货架进行位置数据的监测，当物品被用户移动时系统可以立刻反应，不仅可以在相应的屏幕上展示用户选择的产品信息，也可以提示补货员对货架进行补货处理。其优势在于检测灵敏，不易受到其他系统的干扰，而且无须在产品上附加额外的检测标识，充分地满足了零售业自动化、信息化的市场需求。

除此之外，这些技术还可以通过灯光实现车辆定位，方便在地下车库寻车。孟令伟说，“不久的将来，当你晚上睡觉前希望用 iPad

上网的时候，只需要打开一盏床头灯就可以搞定。”

如今，苦尽甘来的孟令伟正带领团队一路向前。他说：“对于创业者来说，每天的经历都是独一无二的，都很特殊，这也是让人感到幸福的地方。”

唯愿他们都能与生命中的光相遇，开出花朵。